HISPANIC STAR
EN ESPAÑOL

SELENA GOMEZ

SERIE HISPANIC STAR

Lee sobre los íconos hispanos y latinos, los héroes innovadores que han forjado nuestra cultura y el mundo en esta fascinante serie de biografías para lectores jóvenes.

SI PUEDES VERLO, PUEDES SERLO.

SELENA GOMEZ

CLAUDIA ROMO EDELMAN
Y KARLA ARENAS VALENTI

TRADUCIDO POR **TERRY CATASÚS JENNINGS**

ILUSTRADO POR **ALEXANDRA BEGUEZ**

ROARING BROOK PRESS

NUEVA YORK

Para mi madre, que perdió la batalla contra el COVID,
pero cuyos valores viven cada día en mí.
Soy quien soy porque ella fue mi mejor ejemplo.

Para mi esposo Richard y mis hijos, Joshua y Tamara,
que me rodean con su amor, fe y apoyo.
Ellos hacen que todo sea posible.

Más que nada, esta serie va dedicada a los niños del
mañana. Sabemos que tienen que verlo antes para
poder serlo luego. Nuestro deseo es que estos héroes
latinos les enseñen a desplegar sus alas y volar.
—C. R. E.

Para usted, lector, que encuentre en esta estrella
hispana un espíritu afín.
—K. A. V.

Published by Roaring Brook Press
Roaring Brook Press is a division of Holtzbrinck Publishing Holdings Limited
Partnership
120 Broadway, New York, NY 10271 • mackids.com

Written by Claudia Romo Edelman and Karla Arenas Valenti.
Translated to Spanish by Terry Catasús Jennings.
Illustrated by Alexandra Beguez.

Our books may be purchased in bulk for promotional, educational, or business
use. Please contact your local bookseller or the Macmillan Corporate and
Premium Sales Department at (800) 221-7945 ext. 5442 or by email at
MacmillanSpecialMarkets@macmillan.com.

Library of Congress Control Number: 2022916320

First edition, 2023
Book design by Julia Bianchi
Printed in the United States of America by Lakeside Book Company, Crawfordsville,
Indiana

ISBN 978-1-250-84018-9 (paperback)
10 9 8 7 6 5 4 3 2 1

CAPÍTULO UNO

CHICA DE PUEBLO

"Sabíamos que la queríamos como una estrella".

—GARY MARSH, presidente de
entretenimiento de Disney Channels Worldwide

Está lloviendo en una pequeña ciudad entre Forth Worth y Dallas, Texas. El agua se acumula en charcos frente a una casa de Grand Prairie, que tiene el número 205, donde Selena Gomez toca a una puerta blanca y espera.

Este es el hogar donde creció.

Plinc-Plonc-Plinc

Las gotas de lluvia caen sobre el buzón, resbalándose por un costado y cayendo sobre un charco en la hierba.

Plip-Plop-Plip

La lluvia salpica los escalones de cemento que llevan a la puerta.

Selena recuerda haber puesto las manos en el cemento

aún húmedo de esta acera cuando tenía cinco años. Se acuerda de su nana sentada con sus amigas, oyendo música y bebiendo té helado.

"Visito este lugar cada vez que puedo", dice, y explica que solía chapotear por el patio durante lluvias como esta. Y cuando no llovía, "olía a hierba recién cortada".

Selena ya no vive aquí, pero esta casa sigue ocupando un lugar especial en su corazón. Toca por segunda vez, pero es claro que no hay nadie en la casa.

La mamá de Selena, Mandy Teefey, tiene algunos antepasados italianos, y su papá, Ricardo Joel Gómez, es de ascendencia mexicana. Los dos tenían dieciséis años cuando nació Selena, y su madre renunció a todo para criar a su hija.

"No teníamos mucho cuando yo era niña", dice Selena.

Sus abuelos ayudaron a cuidarla mientras sus padres terminaban los estudios. La familia era muy importante para ellos, y estaban dispuestos a hacer todo lo posible para apoyar a Selena y a sus padres.

Pero criar a una niña cuando aún eran tan jóvenes fue difícil para Mandy y Joel. Tener una hija creó una tensión tremenda en el matrimonio, el cual se deshizo cuando Selena tenía cinco años. Su mamá y su papá se divorciaron y Selena se quedó con su madre. Su madre luchaba por estirar el dinero, viviendo de cheque en cheque y trabajando en varios trabajos a la vez para mantener a su hija.

"Ella era muy fuerte", dice Selena. "Tenerme a los dieciséis años tuvo que haber sido una gran responsabilidad. Lo dejó todo por mí, tenía tres trabajos, me mantuvo, sacrificó su vida por mí. Mamá siempre estaba haciendo cien millones de cosas solamente para hacerme feliz".

Y Selena *era* feliz. Estaba rodeada de cariño y de una familia que la apoyaba. Pero la persona en la cual se ha convertido Selena es una mujer forjada por algo más que una niñez feliz. Ella conoce los retos de cambiar, la lucha por encontrar quién uno es y vivir esa verdad. Y es precisamente ese esfuerzo que ha convertido a Selena en la estrella que es hoy en día.

Nacida el 22 de julio de 1992, Selena Marie Gomez empezó su vida en Grand Prairie, Texas, una ciudad que hoy tiene una población de cerca de 200 000 personas. Casi la mitad de la población es de origen hispano o latino.

Cada año, la ciudad presenta Prairie Lights (Las luces de la pradera), una atracción invernal de dos millas de largo con más de trescientos millones de luces. Durante cuarenta días, ángeles, duendes, pingüinos, renos, muñecos de nieve, estrellas, el túnel de luces más largo del mundo y cientos de atracciones más forman una experiencia única de las fiestas.

La zona de Grand Prairie también es famosa por tener algunos de los mejores parques y lugares de recreo del país. ¡Eso y, por supuesto, ser el lugar donde nació Selena!

Sus padres le pusieron el nombre de una de sus cantantes favoritas: Selena.

Igual que su tocaya, Selena Gomez se convertiría en una de las artistas latinas más influyentes de todos los tiempos. Pero la joven Selena Gomez no lo sabía en ese momento. Apenas comenzaba su trayectoria extraordinaria.

Selena era una niña sensible, atenta y amable. Nunca dejaba de hacer lo que consideraba correcto o de ayudar a los demás, aun cuando tenía miedo.

Su empatía quedó captada a la perfección en una fotografía tomada para el periódico local de Grand Prairie.

Era el primer día de Selena en preescolar, un día lleno de grandes esperanzas y expectativas, temores y despedidas con lágrimas. Recortes de colores adornaban las paredes de la escuela, los libros esperaban las manos de los niños con anticipación, los crayones, las tijeras y el pegamento estaban listos para crear proyectos de arte épicos.

SELENA QUINTANILLA PÉREZ fue una superestrella de la música tejana, ganadora del premio Grammy, quien alcanzó la fama a principios de la década de 1990. Nacida el 16 de abril de 1971 en Lake Jackson, Texas, el talento musical de Selena Quintanilla ya era evidente a la edad de seis años. Cuando la familia se mudó a Corpus Christi, Selena Quintanilla y su padre, Abraham Quintanilla Jr., formaron el grupo Selena y Los Dinos, la banda que impulsó el ascenso meteórico a la fama de Selena Quintanilla.

Selena Quintanilla era conocida como la "Reina de la Música Tejana" (la música tejana también se conoce como música Tex-Mex), un estilo que combina la música mexicana norteña con influencias europeas y estadounidenses. Esa música se distingue más que nada por la orquestación y suele contar con el acordeón como instrumento principal. Selena Quintanilla también se convirtió en un ícono de la moda, creando un estilo característico que cimentó el apodo la "Madonna tejana". Querida por muchos, el legado y el impacto de Selena siguen siendo fuertes casi treinta años después de su muerte prematura y trágica en 1995.

El corazón de Selena latía muy rápido mientras se preparaba para embarcarse en esta nueva aventura. Respiró profundamente, sonrió y se despidió de su madre, entrando valientemente en la nueva aula. A un lado, un niño lloroso estaba sentado solo, un compañero de clase que no era tan intrépido como la joven Selena.

¡Flash!

Una cámara captó la escena: la pequeña Selena ofreciéndole consuelo al niño que compartía sus miedos, a un niño a quien le hacía falta apoyarse en un amigo. En un momento de cambio e incertidumbre, Selena fue capaz de ayudar a alguien que necesitaba su fuerza y su consuelo.

A medida que Selena crecía encontraba formas diferentes de ofrecer consuelo a los que eran menos afortunados que ella.

A pesar de que Selena y su mamá tenían tan poco, "siempre me recordaban que muchos tenían menos que nosotros", dice Selena. "Mi mamá se quedaba sin gasolina todo el tiempo, y nos poníamos a buscar monedas de veinticinco centavos en el carro para pagar por la gasolina". O tenían que caminar hasta la tienda de 99¢ para comprar espagueti para la cena.

Sin embargo, aunque su propia situación era frágil, Selena y su madre se ofrecían como voluntarias en los comedores de beneficencia el Día de Acción de Gracias o revisaban regularmente su clóset en busca de ropa para donar.

El hábito de la bondad y la buena voluntad hacia los demás que empezó cuando Selena era una niña se convirtió en una característica que define a Selena como adulta, guiándola a través de las muchas pruebas y tribulaciones que ha encontrado a lo largo de sus treinta años.

Frente a la casa blanca de Grand Prairie, Selena explica que su interés en la actuación se despertó viendo a su madre prepararse para las producciones teatrales en Dallas como actriz. El padre de Selena era un DJ, así que, de niña, siempre estuvo rodeada de creatividad. Esto le inculcó un profundo amor por las artes escénicas.

Ese amor no tardó mucho en transformar la sala de su casa en un animado escenario donde Selena presentaba conciertos o concursos de belleza para su familia. En poco tiempo, lo que empezó como pequeñas representaciones solo para su familia se convirtió en audiciones para varios papeles de televisión...

¡Y la oportunidad de su vida!

Barney & Friends fue una serie de televisión infantil que se estrenó con mucho éxito en 1992. La estrella de la serie era Barney, un dinosaurio amistoso y morado que enseñaba conceptos educativos y morales importantes.

La serie también contaba con un *Triceratops* verde, Baby Bop, y su hermano, BJ, un *Protoceratops* amarillo. Los dinosaurios se relacionaban con una serie de personajes adultos, como Mamá Oca, y con más de cien niños que aparecieron como invitados en el curso de catorce temporadas.

¡Luces!

¡Cámara!

¡Acción!

Cada episodio de la serie comenzaba con un grupo de

muchachos jugando e imaginando que Barney, un animal de peluche muy adorable, cobraría vida mágicamente y se transformaría en un dinosaurio de verdad. Entonces Barney y sus otros amigos dinosaurios hablaban sobre temas específicos que se exploraban ese día a través de canciones y bailes con los niños invitados y los actores adultos.

Querido por muchos, *Barney & Friends* enseñaba a los espectadores muchas habilidades sociales y emocionales importantes. Por ejemplo, los primeros episodios eran sobre las diferentes maneras en que los niños pueden usar su imaginación o por qué las familias son tan fantásticas. Algunos episodios trataban de asuntos más prácticos, como la manera segura de cruzar las calles o que no se debe hablar con los desconocidos. El programa llegó a discutir cómo mantenerse sano, navegar por emociones complicadas y resolver situaciones personales difíciles.

Por suerte, *Barney & Friends* se filmó en Carrollton, un suburbio cerca de Dallas a solo treinta minutos en carro de Grand Prairie.

¡BÚSQUEDA DE TALENTOS!

Los representantes de Barney & Friends *buscan actores jóvenes para actuar en el programa. ¡Si eres un chico o una chica de entre 10 y 17 años y tienes interés en actuar, cantar o bailar, por favor, ponte en contacto con nosotros para obtener más información!*

Cuando Selena tenía diez años, acudió a una audición para ser una de las actrices infantiles de la serie. En la audición conoció a Demi Lovato.

La cantante, compositora y actriz, DEMI LOVATO nació el 20 de agosto de 1992. Al igual que Selena, su primer trabajo en la televisión fue en *Barney & Friends*, y alcanzó la fama después de interpretar a la aspirante a cantante Mitchie Torres en la película original de Disney Channel *Camp Rock*.

Selena y Demi hicieron la prueba para un papel como actrices invitadas en el programa y, después de la selección, aparecieron en la serie en 2002. Selena interpretó el personaje de Gianna, una joven de ascendencia mexicana-italiana, lo cual estaba muy cerca de su propio origen.

En el primer episodio de Selena como Gianna, ella, Barney y BJ le enseñan a Baby Bop buenos modales. En otro episodio, los amigos dirigen el tráfico, enseñándoles a los espectadores a "Parar" y "Seguir". Otros episodios con

Gianna le enseñaron a los niños sobre instrumentos musicales, las estaciones, compartir y la importancia de los amigos y la familia. En el último episodio en el cual Selena representó a Gianna, los amigos celebraron el cumpleaños de Barney.

Estar en *Barney & Friends* fue un gran cambio para Selena, una actriz joven que nunca había actuado profesionalmente y sabía muy poco de la industria del cine y la televisión. Hasta entonces, solo había visto a su madre actuar en el teatro de su comunidad. Pero Selena le dio la bienvenida a este nuevo papel con una curiosidad tremenda por aprender y el valor para crecer, y llegó a aparecer en trece episodios de *Barney & Friends* entre 2002 y 2004 (durante la séptima y octava temporadas de la serie).

Tal vez la mayoría de la gente se habría sentido intimidada bajo estas circunstancias, estresada por las largas jornadas y el exigente calendario de trabajo que requiere un programa como ese. Pero Selena, no. Su pasión por actuar y su habilidad para recibir las cosas nuevas con los brazos abiertos y sin miedo, la hicieron sentirse como si esto ni siquiera fuera un trabajo.

¡Ella se lo pasó de maravilla! "Estás en el plató con un dinosaurio grande y morado, bailando y divirtiéndote cantidad", dijo en una entrevista.

...e los dos años que Selena actuó en *Barney & Friends,* aprendió todo lo que pudo sobre la actuación y la industria de cine y televisión. También continuó audicionando para otros papeles hasta que por fin consiguió un pequeño papel con diálogo en la película *Spy Kids 3-D: Game Over,* además de participar como invitada en otros programas de televisión.

TIPOS DE PAPELES EN EL CINE Y LA TELEVISIÓN

En el cine y la televisión hay muchos trabajos por los que un actor puede recibir crédito. Algunos de estos trabajos incluyen:

- TALENTO DE FONDO: Se refiere a los artistas, también llamados extras, que aparecen en el fondo de una escena y ayudan a dar a la escena un aspecto más realista. Típicamente son papeles muy pequeños, que no tienen diálogo.

- ACTORES DE DÍA: Son actores con pocas líneas y que sólo aparecen en una o dos escenas. Por ejemplo, un actor de día podría ser alguien que está siendo entrevistado por un personaje principal.

- **PERSONAJES REGULARES DE LA SERIE:** Un personaje regular de la serie es parte del reparto principal de un programa, contratado para trabajar durante un período de tiempo específico (que puede ser un mes o varios años) en una serie. Se considera que forma parte de la historia principal, así que el personaje es importante. Sin embargo, eso no significa que aparezca en todos los episodios.

- **RECURRENTES:** Son actores que aparecen en varios episodios de una misma temporada o a lo largo de toda la serie. No son necesariamente un personaje principal o regular de la serie, pero aparecen con más frecuencia que un actor de día.

- **ESTRELLAS INVITADAS:** Una estrella invitada es un actor bien conocido que aparece en un programa para una actuación especial. Por lo general, son solo unos pocos episodios y su personaje con frecuencia juega un papel importante en la historia.

- **CAMEO:** Un cameo se refiere a una aparición breve de una persona o un actor muy conocido, o a una actuación de voz en un programa o película.

Luego, cuando tenía trece años, Selena asistió a una búsqueda de talentos de Disney a nivel nacional. Con colas y colas de actores con talento de todo el país —todos ansiosos de tener una oportunidad para hacer sus sueños realidad— es fácil desanimarse y perder la esperanza. Pero Selena no se desanimó en absoluto. Aprovechó la oportunidad y se presentó a la prueba.

Hacer una audición para un papel como ese puede ser muy estresante. Te encuentras sola en un escenario, cegada por las luces proyectadas sobre ti. Un grupo de ejecutivos de televisión o de cine muy importantes están allí para evaluarte. A veces puedes verlos sentados frente a ti; a veces están en una cabina y fuera de la vista.

Se te da una escena y un papel para interpretar. Dependiendo de la audición, es posible que tengas una serie de líneas para practicar de antemano. Pero a menudo te piden que improvises.

Por ejemplo, alguien podría decir: "Imagina que estás en el colegio y te das cuenta de que olvidaste hacer la tarea. Tienes que inventar una buena excusa para tu maestro". Entonces tienes que representar la escena en ese mismo momento y lugar.

Si a los ejecutivos les gusta tu actuación, te llamarán para hacer otra audición, tal vez con otros personajes del programa u otras personas que estén considerando contratar. Normalmente, tienes que pasar por muchas audiciones, y muy pocos llegan al final.

Selena era natural. Su encanto y carisma resultaron en una victoria instantánea, y logró salir bien en cada una de las audiciones hasta la audición final.

¿Cuál fue el papel?

Selena fue elegida para un episodio de *The Suite Life of Zack & Cody*, una serie centrada en los hermanos gemelos Zack y Cody Martin, que viven en el Hotel Tipton en Boston, donde su madre es una cantante en el salón del hotel.

No era la primera vez que Selena actuaba en televisión. Pero sí fue otra novedad porque en la serie el personaje de Selena besaría a Zack durante la obra de teatro del colegio.

¡Un beso!

¡Filmado frente a todo el reparto!

¡Y todo el equipo de cámaras!

¡Y el director!

¡Y sus padres!

Selena se puso muy nerviosa. ¡Sobre todo porque se trataba de su primer beso, y saldría en la pantalla a la vista de todo el mundo! Afortunadamente, Selena se desenvolvió con naturalidad frente a la cámara. La escena salió impecable, y el episodio fue un éxito.

Poco después, Selena fue invitada a filmar un episodio piloto para una serie derivada (*spin-off*) de *The Suite Life of Zack & Cody*. La serie se iba a titular *¡Arwin!*

¿QUÉ ES UN EPISODIO PILOTO?

UN PILOTO DE TELEVISIÓN es un episodio independiente que un productor filma para mostrar a los ejecutivos de una cadena de televisión —como Disney Channel— cómo será un nuevo programa.

En primer lugar, ¿qué es lo que hace un productor?

Para cada programa, el productor se encarga de contratar al director, al equipo de rodaje, al reparto, a los guionistas y de asegurarse de que el programa sea producido o creado. Sin embargo, los que deciden si un programa realmente vale la pena transmitirse en la televisión por cable o en plataformas de *streaming* son los ejecutivos de las cadenas.

¡Así que crear un piloto y presentar un programa que sea lo suficientemente bueno como para convencer a los ejecutivos de una cadena es algo bastante importante!

¡Arwin! se presentó como una serie sobre el manitas del Hotel Tipton, un hombre llamado Arwin que se muda con su hermana para ayudarla a cuidar a sus hijos. Selena fue elegida para interpretar el papel de una de las hijas.

Después de filmar el episodio, los productores lo presentaron a los ejecutivos de la cadena y esperaron el veredicto.

Y esperaron...

¡Y esperaron!

Por desgracia, el episodio piloto no consiguió convencer del todo a los ejecutivos de Disney, quienes decidieron no seguir adelante con la serie. Esto podría haber desanimado a cualquier artista que estuviera empezando su carrera. ¡Pero no a Selena!

En 2007 le dieron otro papel, esta vez como Mikayla Skeech, una estrella de pop que era rival del personaje de Miley Cyrus, Hannah, en la exitosa serie de televisión *Hannah Montana*.

Hannah Montana seguía las peripecias de Miley Stewart, de catorce años, una chica ordinaria que parece vivir una vida normal, pero tiene una identidad secreta como la estrella de pop Hannah Montana. En la serie, "Hannah Montana" es un alias elegido por Miley y su familia para evitar que su vida privada sea el foco de la atención pública.

En *Hannah Montana*, Mikayla y Hannah, como estrellas de pop, son enemigas. Pero cuando Mikayla conoce a Miley, sin saber que en realidad es Hannah Montana, se hacen grandes amigas. Esta línea argumental creó un conflicto interesante que hizo de este un papel recurrente para Selena. También le dio la oportunidad de demostrarles a los productores y ejecutivos de Disney lo que era capaz de hacer. Y ciertamente ayudó a Selena a presentarse a la audición y, finalmente, conseguir el papel codiciado por cientos de aspirantes: Alex Russo en la nueva serie de Disney Channel *Wizards of Waverly Place*.

Este papel lo cambió todo para Selena, disparando su carrera.

"Sabíamos que la queríamos como estrella del universo de Disney Channel", dijo Gary Marsh, presidente de entretenimiento de Disney Channels Worldwide.

Wizards of Waverly Place era una telecomedia de fantasía para adolescentes que giraba en torno a Alex, una maga adolescente que vivía en Manhattan con su familia italo-mexicana-estadounidense. Alex y sus hermanos, Justin y Max, emprenden un entrenamiento de magos, sabiendo que un día competirán para ganar la custodia exclusiva de los poderes mágicos de su familia. La serie tenía fuertes elementos de fantasía y magia, pero su tema principal era el de la familia, la amistad y los retos de crecer.

También fue una de las primeras series que contó con una protagonista latina, incorporando la cultura mexicana y el idioma español en algunos de los episodios. Esto no pasó desapercibido para los televidentes latinos y ayudó a aumentar la audiencia del programa. También les ofreció a muchos espectadores una ventana a la vida de los muchachos de familias hispanas y latinas en los Estados Unidos en ese momento.

El programa tuvo un tremendo éxito, ganó premios y consolidó a Selena como una estrella en ascenso, con fans no solo en Texas, sino también en todo los Estados Unidos y alrededor del mundo.

Con su carrera en Hollywood en ascenso, se hizo bastante difícil manejar todo su trabajo tan lejos del centro de la acción. Así que Selena y su madre se dieron cuenta de que era hora de decir adiós a Grand Prairie, Texas. Se despidieron de la casa blanca y se mudaron a Los Ángeles, California, donde Selena comenzaría la próxima etapa de su vida.

Mientras la lluvia sigue cayendo sobre la casa blanca en Grand Prairie, Selena toma una foto. "Te quiero, Grand Prairie", dice, abriendo su paraguas y bajando a la acera llena de charcos. "¡Gracias!".

CAPÍTULO DOS

BAJO LOS REFLECTORES

"Gomez domina ser la irritante y egoísta Alex, y su interpretación de una típica chica de 16 años aparenta completamente cierto".

—ROXANA HADADÍ, contribuidora de Express para el *Washington Post*

Convertirse en una *protégée* de Disney fue un sueño hecho realidad en muchos sentidos para Selena. *Wizards of Waverly Place* fue uno de los programas más vistos en la televisión estadounidense. Generó álbumes de bandas sonoras, *merchandising* y hasta una adaptación a videojuego.

Los temas de fantasía e identidades secretas eran tremendamente atractivos para la audiencia, pero también las historias que se centraban en la familia, los amigos y los problemas de la adolescencia.

En la serie, Alex creció en una familia de clase trabajadora, étnicamente mezclada, que veneraba la herencia familiar, el esfuerzo y el cumplir con las responsabilidades.

Estos valores tocaron las sensibilidades de muchos espectadores cuyos orígenes y familias eran similares. Y a los fans les encantó especialmente Alex, el personaje de Selena: una adolescente atrevida y marimacho, muy parecida a la Selena de esa época.

El rodaje de la serie se llevó a cabo en Hollywood Center Studios, famoso en todo el mundo, donde se construyó un set que se asemejaba a un apartamento de Nueva York. El primer episodio se emitió el 12 de octubre de 2007. Después de cuatro temporadas, el final de la serie se emitió el 6 de enero de 2012, y había alcanzado tanta popularidad que fue el episodio final más visto de Disney Channel.

Selena fue elogiada por su actuación, y *Wizards of Waverly Place* le proporcionó mucho reconocimiento y aclamación. Disney comenzó a promocionarla como a una de sus mayores estrellas.

Y no solo por su actuación.

La carrera musical de Selena estaba a punto de despegar.

Además de ser protagonista de la serie, Selena grabó el tema principal de *Wizards of Waverly Place*, la canción "Everything Is Not As It Seems". También empezó a aparecer en videos musicales, incluyendo un video para la canción "Burnin' Up" de los Jonas Brothers.

Selena fue invitada a contribuir con una versión de la

canción "Cruella De Vil" que formaba parte de la compilación del álbum *Disneymania 6* de 2008, junto con una serie de músicos conocidos, incluyendo su amiga de los tiempos de *Barney & Friends*, Demi Lovato.

Más tarde, Selena grabó una canción para la banda sonora de *Tinker Bell,* una película animada. Ese mismo año grabó tres canciones para la banda sonora de la película *Another Cinderella Story*, en la que también interpretó el papel principal, el de la aspirante a bailarina Mary Santiago.

Como si eso no fuera suficiente, su talento musical se extendió a la actuación de voz, donde interpretó el papel de Helga en la película animada *Horton Hears a Who!*

Horton Hears a Who! es la adaptación cinematográfica del popular libro de Dr. Seuss del mismo nombre. El libro cuenta la historia de Horton, un elefante, y sus aventuras en un planeta minúsculo ubicado en una mota de polvo. Helga es una de las hijas del alcalde de Villa Quién.

La película se estrenó en 2008 y fue un éxito internacional tremendo, lanzando aún más a Selena al centro de la atención. El mundo tenía la mirada puesta en esta estrella de Disney, pero Selena no se dejó intimidar.

Con el mismo valor con el que afrontó su primer día de preescolar, se lanzó a su floreciente carrera musical y de actuación de voz. A los dieciséis años, Selena firmó un contrato de grabación con Hollywood Records, el sello discográfico de Disney Music Group que había firmado a otras estrellas de Hollywood como Miley Cyrus y Demi Lovato.

Con el apoyo de la empresa Disney, Hollywood Records pudo afianzar con mucho éxito a Selena como una estrella de música pop. Su primera incursión en este mundo se produjo con la banda de rock que formó en 2008, llamada Selena Gomez & the Scene.

Formar una banda y grabar un álbum requiere dedicación y mucha pasión, así como una cantidad de trabajo enorme. Selena puso tanto de su mente, corazón y alma en este proyecto como lo había hecho en todas sus otras iniciativas.

Fue muy diligente y cuidadosa en el proceso de audición: buscó músicos apasionados por la música y que pudieran "rockear en serio". En 2009, después de muchas horas dedicadas a las audiciones y de escribir y practicar y grabar y volver a grabar... Selena Gomez & the Scene estrenaron su álbum de estudio, *Kiss & Tell*.

Imagínate cómo debe haber sido.

¿Alguna vez has puesto el corazón y la mente en algo que era tan importante para ti que te olvidaste de todo lo demás? Trabajaste tan duro, renunciaste a tantas cosas, y probablemente estás muy orgulloso del resultado. Más que nada, quieres que otras personas aprecien lo que hiciste tanto como tú.

Selena Gomez & the Scene se sentían así.

La banda esperó a ver lo que la gente pensaba.

¿Y si a los oyentes no les gustaba?

¿Y si la gente creía que la música era horrible?

¿Y si la gente criticaba como cantaban?

Bueno, eso es exactamente lo que sucedió. A muchos oyentes no les gustó el álbum; unos creyeron que la música era mala, y otros criticaron mucho la forma de cantar de Selena.

Pero Selena no se dejó vencer. Sabía que, además de los críticos, había otras voces a las que escuchar: los fans.

Y tenía razón.

Kiss & Tell llegó a vender más de 500 000 copias. Se situó en los primeros lugares de las listas musicales de todo el mundo. A los fans en Grecia, Polonia y el Reino Unido les gustó tanto que lanzaron el álbum al Top 40. ¡La banda estaba arrasando!

Selena Gomez y su banda promocionaron el álbum en una gira de conciertos, viajando durante casi un año por todos los Estados Unidos: de California a Texas, a Nueva York, pasando por muchas otras ciudades, y de vuelta a California. Incluso viajaron a Londres, Inglaterra. También hicieron varias presentaciones televisadas, y aparecieron en muchos programas para promover su álbum.

Fue un trabajo exigente y agotador. La banda se vio obligada a pasar mucho tiempo fuera de su casa y con muy pocos descansos. Sin embargo, no dejaron pasar ninguna oportunidad de conectarse con sus fans. Además de las giras, también contribuyeron a la compilación del álbum *All Wrapped Up Vol. 2* de Disney y siguieron haciendo nuevos números musicales.

Ese año, Selena Gomez & the Scene grabó una serie de discos sencillos y videos musicales que tuvieron éxito, incluyendo el sencillo más grande de la banda hasta esa fecha. ¡"Naturally" ha vendido más de un millón de copias en los Estados Unidos! La letra de la canción captura un tema que ha llegado a definir a la joven estrella: Sé fiel a ti misma.

Cómo elijas expresarte

...

Sigues lo que sientes por dentro

En 2010 la banda lanzó su segundo álbum de estudio, *A Year Without Rain*.

"Estoy muy orgullosa de este disco", dijo Selena en una

entrevista. "Quería asegurarme de que el disco hiciera sentir bien a la gente, pero también dediqué un par de canciones a mis fans, porque hay momentos en el escenario en que me gusta ofrecerles algo especial, porque significan tanto para mí".

Por desdicha, como con su primer disco, las críticas que recibió fueron mixtas, con algunos críticos quejándose de los efectos aplicados a la voz de Selena. Sin embargo, el álbum debutó en el número cuatro y vendió más de 500 000 copias en los Estados Unidos. Tres meses después de la versión en inglés, se publicó una versión en español del tema principal "A Year Without Rain" ("Un año sin lluvia").

Durante el año siguiente, Selena y su grupo estuvieron muy ocupados promocionando su música en la televisión, realizando giras y ofreciendo presentaciones en vivo. Pudieron conocer todo tipo de lugares nuevos, encontrarse con fans que los adoraban dondequiera que iban y a los que les encantaba el trabajo que hacían. ¡Todo era muy emocionante!

¡Selena se había afianzado como un ícono internacional y ahora era muy solicitada! Pero el éxito de su carrera musical con Selena Gomez & the Scene no era lo único que la mantenía ocupada. Selena seguía trabajando en *Wizards of Waverly Place* y protagonizando otros programas de Disney y películas originales, incluyendo *Wizards of Waverly Place: The Movie*, que ganó el premio Emmy por el mejor programa infantil.

Retomó su papel como Alex Russo en un evento especial de Disney Channel, que abarcó tres episodios de

Wizards of Waverly Place, *Hannah Montana* y *The Suite Life on Deck*, un programa derivado (*spin-off*) de *The Suite Life of Zack and Cody*, en el que los gemelos asisten a clases en la escuela de Seven Seas en el SS Tipton.

Selena también actuó como estrella invitada interpretándose a sí misma en una serie llamada *Sonny with a Chance*, en la que su vieja amiga Demi Lovato interpretaba a Sonny, una adolescente que se convierte en miembro del reparto de su programa favorito, un programa de *sketches* de comedia.

Selena y Demi también interpretaron a los personajes principales, las mejores amigas, Carter y Rosalinda, en la película *Princess Protection Program,* que también tuvo mucho éxito. La película sigue las peripecias de una joven princesa, Rosie (Demi), cuyo pequeño país es invadido por un dictador y que debe entrar a un programa de protección de princesas. El programa se lleva a Rosie a una zona rural del estado de Luisiana, donde tiene que aprender a vivir como una adolescente estadounidense ordinaria. La nueva amiga y compañera de cuarto de Rosie, Carter (Selena), recibe algunas lecciones de Rosie sobre la etiqueta real y los buenos modales.

Además del éxito que obtuvieron con la película, Selena y Demi también grabaron "One and the Same", el disco sencillo promocional de la película.

EL ESTADO LIBRE ASOCIADO DE PUERTO RICO

La película *Princess Protection Program* se rodó en PUERTO RICO.

El Estado Libre Asociado de Puerto Rico es un archipiélago en el mar Caribe y un territorio no incorporado de los Estados Unidos. Eso significa que Puerto Rico está bajo la jurisdicción de los Estados Unidos, sus habitantes tienen ciertos derechos fundamentales y constitucionales, pero no tienen todos los derechos de un territorio incorporado (como los estados de los Estados Unidos). Por ejemplo, todos los ciudadanos estadounidenses —incluyendo los puertorriqueños— pueden viajar libremente entre el archipiélago y el territorio continental de los Estados Unidos. Sin embargo, los puertorriqueños no pueden votar en las elecciones estadounidenses y, como no viven en un estado, no tienen representación en el Congreso.

Puerto Rico es un lugar de inmensa belleza, con una historia y una cultura riquísimas, hermosas playas de color azul zafiro y arena dorada. Su vegetación es verde esmeralda salpicada de flores y frutas que parecen joyas, y sus montañas son impresionantes.

Durante su estancia en el hermoso Puerto Rico, Selena se dio cuenta de que había muchos perros y gatos vagando por las calles de la ciudad. Su corazón se llenó de cariño por las criaturas abandonadas, y quiso ayudar de cualquier manera posible. Selena se comunicó con Island Dog Inc., un grupo de voluntarios que ayuda a los animales en Puerto Rico. Utilizó su presencia en las redes sociales para motivar a la gente a apoyar a la organización. Selena también participó en una subasta benéfica online, cuyas ganancias se destinaron a beneficiar a Island Dog Inc. y su trabajo en Puerto Rico.

Más tarde, y como resultado de su participación en Island Dog Inc., Selena se convirtió en embajadora de DoSomething.org, un movimiento sin fines de lucro dirigido por jóvenes, con millones de miembros en todo el mundo.

Entre su trabajo voluntario, la actuación y la música, se podría creer que Selena tendría poco tiempo para otras cosas.

Según DOSOMETHING.ORG, son la mayor organización sin fines de lucro dedicada exclusivamente a los jóvenes y el cambio social. Los millones de miembros de DoSomething representan todos los códigos de área de los Estados Unidos y 131 países. Usando su plataforma digital, los miembros de DoSomething se unen a campañas de voluntariado, de cambio social y de acción cívica para lograr un impacto real en las causas que les importan.

Algunas de sus campañas incluyen "Teens for Jeans" (donando más de un millón de pares de jeans a adolescentes sin hogar en un solo año), iniciativas de registro de votantes, campañas sobre justicia climática y salud mental, recogidas de donaciones de alimentos y ¡Celebra el Orgullo! (han creado una extensa guía de aliados de LGBTQ+ realizada con la colaboración colectiva).

Pero eso no era del todo cierto. En 2008 Selena y su mamá habían formado una compañía de producción llamada July Moon Productions (Producciones Luna de Julio). El nombre se inspiró en la palabra *selena*, que significa "luna" en griego, y su mes de nacimiento (julio). Ser propietaria de su propia productora le dio a Selena la capacidad de expandir su creatividad de una nueva manera, al producir su propio contenido de televisión y cine: seleccionando guiones, contratando escritores y creando paquetes de talentos.

Selena se convirtió oficialmente en una "amenaza triple": una artista que sobresale en tres artes escénicas. ¡Y no paró ahí!

En 2010, Selena lanzó Dream Out Loud, una línea de moda ecológica para muchachas.

"Con mi línea, quiero realmente darles a las clientas opciones para crear su estilo propio", dijo Selena en una entrevista. "Quiero piezas que fácilmente puedan ser de vestir o no, y en las cuales los tejidos ecológicos y orgánicos sean súper importantes".

En 2011 Selena comenzó a desarrollar su propia fragancia.

"Tengo tres olores favoritos: frambuesa, vainilla y fresia", explicó Selena en una entrevista. "La vainilla simplemente me da una sensación acogedora y deliciosa. La frambuesa es divertida sin ser demasiado dulce. Me encanta lo femenina que es la fresia. Para mí era importante que cualquiera que lo oliera encontrara el perfume atractivo y tentador".

Crear una fragancia es un proceso largo que conlleva identificar los aromas clave que formarán el corazón de la fragancia, la base y las notas de salida. En el transcurso de seis meses, Selena y su equipo redujeron las combinaciones a unas setenta posibilidades. Selena probó cada una.

"Esta primera es afrutada", dijo al evaluar la primera opción. "Casi abrumadora. Y esta segunda huele a detergente. Huele a limpio y es agradable. Pero, ¿es lo suficientemente especial?".

Una tercera opción le gustaba más: "Huele a limpio, como la segunda opción, pero con un toque de fruta, es coqueta y deliciosa. Me encanta".

Finalmente se decidió por su fragancia característica,

un perfume floral con notas de fruta llamado Selena Gomez Eau de Parfum. El corazón del perfume es la fresia morada, el almizcle y un tipo de zarzamora. Las notas de salida son frambuesa, melocotón y piña, y la base es chocolate, vainilla y ámbar.

La creación de una fragancia propia no era lo único que mantenía ocupada a Selena. Ese mismo año protagonizó la película *Monte Carlo*, en la que interpretó el papel de una adolescente a la que confunden con una dama de alta sociedad durante un viaje a París. Para prepararse para el papel, Selena tuvo que aprender a jugar al polo y hablar con dos acentos británicos diferentes.

Además de seguir apareciendo en varios programas de Disney, grababa música regularmente con su banda. Ese año, lanzaron su tercer y último álbum, *When the Sun Goes Down*, de nuevo con críticas mixtas. Al año siguiente, Selena decidió dejar la banda.

En 2012 *Wizards of Waverly Place* emitió su último episodio. El episodio final, "¿Quién será el mago de la familia?", fue el número 106 de la serie. En él, Alex y sus hermanos, Justin y Max, se enfrentan a una prueba repentina y definitiva para determinar quién será el que conserve los poderes mágicos. Entran en la ronda final de la competencia, que es un enorme laberinto. El primer hermano que salga del laberinto será el ganador. El número de espectadores que sintonizaron para averiguar quién sería fue 9,8 millones. Este episodio pasaría a la historia como el final de serie más visto en Disney Channel.

La culminación de *Wizards of Waverly Place* fue el final de una era para Selena, pero las cosas no aflojaron el ritmo en absoluto. Pronto comenzó a grabar como la voz de Mavis en *Hotel Transylvania*; protagonizó más películas e incluso grabó un álbum como solista.

En 2013 lanzó el sencillo principal "Come & Get It", que se convirtió en un éxito instantáneo. "Come & Get It" fue el tema principal de su primer álbum como solista, *Stars Dance*, que también salió en 2013. Debutó en el número uno en la lista estadounidense *Billboard* 200. ¡Vendió 97 000 copias en la primera semana!

A pesar del atractivo obvio del álbum, los críticos se quejaron de que el sonido de Selena carecía de una identidad musical auténtica. Y, en cierto modo, esto insinuaba algo más profundo y preocupante que había comenzado a desarrollarse en la vida de Selena. Porque, a pesar de estar rodeada de todas las cosas que quería, parecía que Selena estaba perdiendo el rumbo.

El ritmo vertiginoso de su vida había convertido a Selena en una marca: una actriz con talento, una música dotada, una productora famosa. Tenía millones de fans y seguidores, y el valor de su marca era increíble. Esto significaba que con cada nuevo proyecto que emprendía, Selena tenía que ser consciente de proteger la imagen de su marca. Eso le creó una gran presión. Tenía que asegurarse de que todo lo nuevo tuviera tanto éxito como todo lo que había hecho anteriormente. Tenía que asegurarse de que nada entorpeciera el éxito de la marca "Selena Gomez".

Para lograr esto, sin embargo, Selena tenía que ser impecable.

"Ese era mi trabajo en cierto modo", dijo en una entrevista. "Ser perfecta. Se te considera una figura que los niños admiran, y [Disney] se lo toma en serio".

Selena también se lo tomó en serio, haciendo todo lo posible para estar a la altura de esa imagen perfecta, esforzándose por complacer a todos, incluso si no se sentía auténtica. Incluso si eso significaba perder el rumbo.

"Creo que pasé muchos años tratando de decirle lo correcto a la gente para no volverme loca. Perdí de vista quién era yo".

Trató de ser la persona que los demás querían que fuera. Pero vivir a la altura de esas expectativas tan irreales era demasiado. Era algo imposible de lograr. Su salud física y mental empezó a sufrir.

Selena siguió esforzándose...

Y luchando...

Y esforzándose...

Y sufriendo...

Hasta un día de 2013, cuando, después de haber realizado más de cincuenta conciertos en Norteamérica y Europa como parte de su gira de *Stars Dance*, Selena se dio cuenta de que estaba completamente agotada. Simplemente no podía continuar a ese ritmo tan frenético, llevando a la espalda tantas expectativas irreales.

Así que Selena tomó la decisión muy difícil de cancelar las etapas australianas y asiáticas de la gira. Pero cancelar la gira no fue algo que tomó a la ligera. A Selena le encantaba cantar y tenía una ética de trabajo increíble. La idea de no cumplir con sus compromisos le resultaba devastadora. Y lo que es más importante, no quería decepcionar a sus fans, y sabía que lo que iba a hacer los iba a decepcionar.

Pero Selena tuvo que enfrentar la verdad y aceptar que estaba agotada.

"Sabía que no podía continuar si no aprendía a escuchar a mi cuerpo y a mi mente cuando realmente necesitaba ayuda".

El año siguiente se reportó que Selena se había registrado voluntariamente en un centro de salud mental en Arizona.

La prensa reaccionó, especulando sobre lo que había llevado a Selena a tomar esta decisión, diciendo una serie de cosas que pintaban un retrato de una estrella en decadencia. Algunos medios de comunicación incluso sugirieron que Selena necesitaba rehabilitación debido a problemas con drogas y alcohol. Pero nada de eso era cierto.

Así que, en lugar de darse el descanso y el tiempo que necesitaba para curarse, siguió trabajando, haciendo todo lo posible para mantenerse a la altura de la marca que había creado y demostrarle a la gente que no estaba fallando.

Selena aceptó protagonizar más películas. Por desgracia, con la tensión que sentía, sus películas recibieron malas críticas. Grabó más música, pero su música no lograba conectar con los fans. En ese momento, Selena ya no creía que mantener la alianza con su sello discográfico era una buena idea, y en 2014 cortó los lazos con Hollywood Records.

Le parecía que todas las cosas se estaban desmoronando a su alrededor, y necesitaba desesperadamente alguna noticia positiva, algo que la inspirara y le diera esperanza. En cambio, ese mismo año recibió la peor noticia posible: los médicos le diagnosticaron lupus, una enfermedad crónica autoinmune que estaba atacando lentamente su cuerpo.

LA BATALLA DEL SISTEMA INMUNOLÓGICO

Tu SISTEMA INMUNOLÓGICO es como un ejército de protectores que te defienden contra antígenos (invasores al cuerpo como virus, bacterias y gérmenes). Estos protectores se llaman ANTICUERPOS, y son unas proteínas en la sangre producidas para luchar contra los invasores no deseados. La forma en que los anticuerpos actúan es recorriendo el torrente sanguíneo en busca de sustancias extrañas. Cuando encuentran un enemigo, los anticuerpos se unen químicamente al invasor y los neutralizan. ¡Bravo!

Pero ¿qué pasa si tus anticuerpos creen que tus propias células son invasoras?

El lupus es una enfermedad en la que el sistema inmunológico de una persona no puede distinguir entre las sustancias extrañas que invaden el cuerpo y sus propias células sanas. Por lo tanto, el sistema inmunológico crea anticuerpos que atacan por error los tejidos y órganos sanos.

Como el cuerpo se está atacando a sí mismo, los pacientes suelen tener fiebre y varios achaques y dolores corporales, rigidez o hinchazón. En general, se agotan a causa de la lucha que ocurre en su interior. A veces, sus órganos dejan de funcionar correctamente. Puede ser muy difícil vivir con lupus.

Sin embargo, Selena siguió trabajando.

Protagonizó varias películas, grabó la voz de Mavis para *Hotel Transylvania 2,* firmó con un nuevo sello discográfico y lanzó otro álbum en el que coescribió doce de las dieciséis canciones.

Revival salió en 2015 y fue muy alabado, recibiendo muchas críticas positivas. Se dijo que el álbum reflejaba su trayectoria desde 2013, incluyendo el escrutinio de la prensa en su vida personal y sus problemas de salud mental.

"Siento mucha confianza en este disco, y se puede oír", dijo Selena en una entrevista. "Pero soy vulnerable, soy real, y creo que simplemente este álbum muestra un lado diferente de mí, y estoy realmente emocionada, y siento como que se me ha quitado un gran peso de encima".

En otra entrevista, Selena explicó la naturaleza autorreflexiva de su disco. "Esta es la próxima etapa de mi vida, y creo que es importante que yo tome el control de ella. [Los fans] pueden esperar un montón de conocimiento sobre mi percepción de las cosas. Creo que muestra mucho, no solo sobre el amor".

En 2016, Selena se embarcó en una gira de conciertos para promover *Revival*.

"¡Estoy lista para volver a la carretera y ver a mis fans en persona! Este álbum marca un capítulo nuevo muy importante de mi vida. Tengo muchas ganas de subir al escenario e interpretar este material nuevo".

La gira comenzó en Las Vegas, la capital mundial del entretenimiento. El 6 de mayo de 2016, Selena subió al escenario del Mandalay Bay Events Center.

¡Luces!

¡Cámara!

¡Acción!

Fue recibida por el rugido de miles de fans que la adoraban, bajo una lluvia de luces de colores. Este sería el primero de cuarenta y un conciertos que Selena dio en ciudades por toda América del Norte. La segunda etapa de su gira comenzó en Yakarta, Indonesia, y terminó en Tokio, Japón. En agosto de 2016, Selena estuvo en Melbourne, Australia, y terminó la tercera etapa de su gira en Auckland, Nueva Zelanda.

En solo tres meses, Selena dio cincuenta y cinco conciertos en tres continentes. Todavía tenía treinta y seis conciertos más en Asia y Europa. Pero a fines de agosto, estaba claro que algo andaba muy mal con la salud de Selena, y ya no podía ignorarlo.

"Quiero ser proactiva y concentrarme en mantener mi salud", dijo en una entrevista, donde explicó que cancelaría el resto de su gira.

"Como muchos de ustedes saben, hace aproximadamente un año revelé que tengo lupus, una enfermedad que puede afectar a las personas de diferentes maneras. He descubierto que la ansiedad, los ataques de pánico y la depresión pueden ser efectos secundarios del lupus que pueden presentar sus propios retos".

Selena sabía que sus fans estarían increíblemente decepcionados. Les agradeció su apoyo, pero también los animó a ser sinceros consigo mismos sobre sus propias luchas. Quería ser un modelo que ellos pudieran seguir, mostrándoles lo importante que es obtener ayuda cuando se tiene problemas.

"Gracias a todos mis fans por su apoyo", dijo. "Saben lo especiales que son para mí, pero necesito enfrentar esto para asegurarme de que estoy haciendo todo lo posible para ser lo mejor posible. Sé que no estoy sola al compartir esto, espero que otros se animen a enfrentar sus propios problemas".

Todo se detuvo para Selena.

En agosto de 2016, se internó en un centro de salud mental para recibir tratamiento para su ansiedad, ataques de pánico y depresión. Tomó la valiente decisión de retirarse de la mirada del público y se enfocó en el cuidado de su mente y su cuerpo.

"Tuve que parar porque lo tenía todo y estaba completamente rota por dentro", les dijo a sus fans. "Mantuve el equilibrio suficiente como para nunca fallarles, pero me fallé a mí misma. Si estás rota, no tienes que quedarte rota".

CAPÍTULO TRES

DIAGNÓSTICO

"Se siente como una hermandad, y estaba impresionada al escuchar a Selena y Francia hablar".

—SAVANNAH GUTHRIE,
coanfitriona de TODAY

Como Selena les había dicho a sus fans, su salud mental se había visto muy afectada por su condición médica y el hecho de que, de una manera muy real, su cuerpo se había convertido en su propio enemigo. Era muy estresante vivir con una enfermedad autoinmune que hacía que su cuerpo se atacara a sí mismo. Para empeorar las cosas, los anticuerpos en el sistema inmunológico de Selena percibían todo, incluso lo que era realmente bueno y saludable, como una amenaza, y como esos anticuerpos estaban tratando de hacer su trabajo tan bien, habían comenzado a afectar algunos de los órganos de Selena.

Después de someterse a muchas pruebas, a Selena se le

diagnosticó artritis lúpica, una de las complicaciones más comunes del lupus, que causa inflamación severa y mucho dolor. También tenía problemas en los riñones. Selena ya no podía ignorar la situación.

Decidió someterse a quimioterapia. La quimioterapia es el tratamiento de una enfermedad mediante el uso de ciertos productos químicos potentes. Estos productos químicos están diseñados para debilitar el sistema inmunológico para que no continúe atacando al cuerpo sano. Imagínate lo fuerte que tienen que ser esos productos para poder atacar a todo un ejército de protectores.

Para el cuerpo es como si lo estuvieran envenenando. Como resultado, muchos pacientes que tienen que someterse a quimioterapia sienten efectos secundarios muy molestos como náuseas, vómitos, diarrea, agotamiento y dolores de cabeza. Además, un sistema inmunológico debilitado significa que los anticuerpos que nos protegen contra invasores reales, como los virus, no lo pueden hacer. Como resultado, es aún más probable que nos enfermemos de otra cosa.

Los pacientes que reciben quimioterapia se encuentran en una situación muy frágil. Fue un momento aterrador para Selena y sus seres queridos. Por desgracia, ahí no terminaron sus problemas. Las cosas estaban a punto de empeorar.

Los riñones de Selena ya no podían funcionar correctamente y comenzaron a fallar.

Los riñones juegan un papel crítico en el cuerpo. Actúan como nuestro sistema de filtrado, eliminando los desechos y controlando la presión arterial. La mayoría de las personas nace con dos riñones, pero solo se necesita un riñón que funcione bien para estar saludable. Si ambos riñones fallan, el paciente necesitará diálisis o un trasplante de riñón para mantenerse vivo.

Selena fue agregada a una lista para trasplantes de riñones. Pero el tiempo promedio de espera para obtener un nuevo riñón puede ser de hasta diez años, y es un proceso muy complicado. Conseguir un nuevo riñón no

¿QUÉ ES LA DIÁLISIS?

La palabra "DIÁLISIS" viene de la palabra griega διάλυσις, que significa "disolución". En términos médicos, la diálisis es el proceso de eliminar el exceso de agua y toxinas de la sangre en personas cuyos riñones ya no pueden realizar esa función naturalmente. La diálisis es una solución temporal, generalmente mientras los pacientes esperan un trasplante de riñón.

consiste solo en encontrar a alguien que esté dispuesto a donar uno de sus dos riñones. El riñón donado también tiene que ser compatible con el cuerpo del receptor para que el cuerpo del receptor no rechace el nuevo riñón pensando que es un objeto extraño. Esto es algo extremadamente difícil de encontrar.

La situación de Selena se estaba volviendo grave. No solo ya no podía hacer el trabajo que tanto amaba, sino que su vida estaba en peligro.

Al principio, Selena hablaba muy poco sobre su lucha contra el lupus. Solo su familia y sus médicos conocían la gravedad de su enfermedad. Por suerte, Francia Raísa, amiga de Selena, con quien compartía su casa en ese momento, conocía a Selena lo suficientemente bien como para entender que su amiga estaba sufriendo en silencio.

Francia era una compañera actriz y *darling* de Disney. Ella y Selena se habían conocido en 2013 en una visita al hospital infantil de Disney y, como dijo Francia, "simplemente hicimos clic". Las dos habían sido "amigas para siempre" desde entonces.

Un día, cuando Selena llegó a casa, Francia notó que Selena estaba particularmente agotada, luchando incluso por abrir una botella de agua.

"Yo no había preguntado nada", dijo Francia en una

entrevista. "Sabía que ella no se estaba sintiendo bien. Un día, no pudo abrir una botella de agua. La tiró, y se echó a llorar, y le dije: '¿Qué pasa?'. Y ahí fue que me lo contó".

Entonces, Francia hizo lo que hacen las buenas amigas: creó un espacio donde Selena pudiera sentirse vulnerable y compartir sus preocupaciones. Cuando Selena le confesó su lucha contra el lupus, Francia inmediatamente se ofreció para someterse a una prueba como posible donante de riñón.

"Era algo que nunca podría pedirle a alguien que hiciera", confesó Selena en una entrevista. Pero a Francia no le hizo falta que se lo pidieran. No perdió tiempo en hacerse el análisis de sangre y someterse a las pruebas médicas requeridas. Esto incluía asegurarse de que Francia no solo estaba sana físicamente, sino también mental y emocionalmente. Al fin y al cabo, el proceso supondría un grave desafío emocional.

La cirugía no estaría exenta de riesgos para Francia. La extirpación de un riñón es una operación muy seria que puede tener serias consecuencias a largo plazo. Vivir sin un riñón también supone un gran riesgo de complicaciones para el donante a medida que envejece. Además del impacto físico en el cuerpo de Francia, tendría que poner su carrera en suspenso hasta que se recuperara de la operación, un proceso largo y doloroso.

No fue una decisión fácil de tomar para Francia, ni una que no tuviera implicaciones de por vida para la joven actriz. Pero Francia no lo dudó, y para sorpresa e inmenso deleite de todos ¡Francia resultó ser perfectamente compatible!

"El hecho de que fuera compatible", dijo Selena, negando con la cabeza, "quiero decir, eso es increíble. No parece real".

El día que supieron que Francia era compatible, Francia le hizo un regalo a Selena: una caja que había mandado a hacer con un grabado en la parte superior que decía "Una hermana es una amiga para siempre". Dentro de la caja colocó un frijol con la forma de un riñón, una muestra de su profundo amor y compromiso con su "hermana".

Las cosas se movieron rápidamente después de eso; Selena no tenía mucho tiempo.

Una madrugada del verano de 2017, Francia y Selena llegaron al hospital para comenzar el proceso de donación de órganos. Francia fue a la cirugía primero para que le extirparan uno de los riñones.

Bip

Bip

Bip

Las familias de Selena y Francia esperaron ansiosas para saber si la cirugía había salido bien.

Y así fue. Francia se despertó sintiéndose muy calmada y tranquila. Pidió ver a Selena antes de que entrara a la cirugía. Las amigas se tomaron de la mano.

"Vamos a hacer esto".

Entonces fue el turno de Selena.

Bip

Bip

Bip

Dos horas después, Selena se despertó. Se sentía bien, vio a su madre y a su padrastro, y le dijo a Francia que la quería. Pero mientras trataba de descansar un poco, Selena comenzó a hiperventilar. Algo no iba bien.

"Traté de dormir", dijo Selena, "y en medio de ese proceso, empecé a hiperventilar y tenía mucho dolor. Me rechinaban los dientes. Me estaba volviendo loca".

Esto no se esperaba, y Selena estaba aterrorizada. Los médicos no tardaron en descubrir que el nuevo riñón se había dado la vuelta y había roto una de sus arterias.

¡Emergencia!

Selena fue llevada una vez más al quirófano.

Bip

Bip

Bip

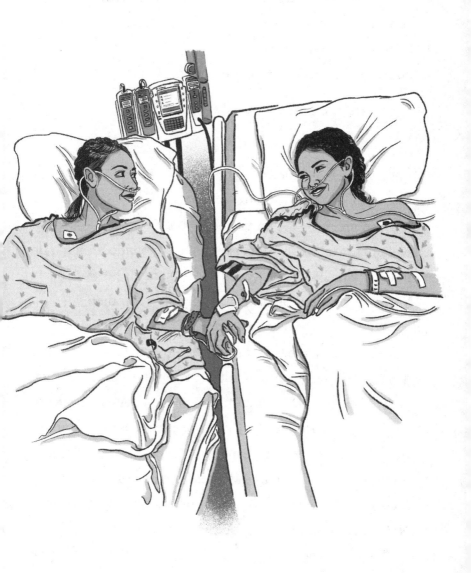

Durante seis horas largas y estresantes, los médicos trabajaron con Selena. Con paciencia y cuidado, le devolvieron el riñón a su lugar. Como la arteria se había roto, tuvieron que extirparle una vena de la pierna y construir una nueva arteria para mantener el riñón en su lugar.

Bip

Bip

Bip

La vida de Selena estaba en peligro más que nunca. Por suerte, la cirugía fue un éxito.

Después de la segunda operación, Selena estaba completamente agotada. Su cuerpo había quedado drenado de toda energía. Pero su corazón estaba lleno de gratitud hacia los médicos y enfermeras que la habían atendido y, sobre todo, porque el regalo de Francia le había salvado la vida.

La recuperación les tomaría tiempo tanto a Selena como a Francia. Selena quería estar con su hermana y amiga para siempre a través de todo el proceso. Así que encontró un espacio donde ella y Francia se recuperarían juntas. Estaban en reposo en cama, y solo podían caminar por una hora al día. Tenían que pedir ayuda constantemente, incluso para hacer las cosas más ordinarias como vestirse. Ni siquiera podían ducharse sin ayuda.

"La experiencia nos dio una lección de humildad", dijo

Francia en una entrevista. Pero es una lección por la cual tanto Francia como Selena están agradecidas. Para su gran alivio, los síntomas de Selena desaparecieron y su cuerpo comenzó a recuperarse.

"Es realmente difícil pensar en ello y más que nada digerirlo", dijo Selena, "especialmente ahora, que tan pronto como recibí el trasplante de riñón, la artritis desapareció; la posibilidad de que regrese el lupus ahora es de un tres a un cinco por ciento; mi presión arterial ha mejorado; mi energía, mi vida es mejor".

A pesar del arduo proceso y lo reservada que era Selena, sabía que esta era una oportunidad para crear conciencia sobre la importancia de las donaciones de riñón, pero también sobre la importancia de permitir que otros nos ayuden cuando más necesitamos un amigo.

Así que Selena y Francia decidieron compartir su historia, para mostrar cómo algo tan aterrador como esta experiencia de vida o muerte tuvo un impacto positivo en ellas y, con suerte, en otros.

"Realmente espero que podamos ayudar a alguien", dijo Selena. "Realmente lo espero. No creo que lo que pasamos fuera fácil, no creo que fuera divertido. Solo espero que esto haga que la gente se sienta bien al saber que hay gente realmente buena en el mundo".

Después de su operación, Selena ayudó a recaudar casi 500 000 dólares para la investigación del lupus a través de sus fans y su plataforma de redes sociales.

"No hay palabras para describir cómo agradezco a mi hermosa amiga Francia Raísa", dijo Selena. "Ella me hizo el regalo y el sacrificio más valiosos al donarme su riñón. Me siento increíblemente bendecida. El lupus sigue siendo muy incomprendido, pero se está haciendo progreso. Para obtener más información sobre el lupus, visite el sitio web de la Lupus Research Alliance: www.lupusresearch.org".

CAPÍTULO CUATRO

LA RECUPERACIÓN

"Gomez vuelve a entrar a la vida publica con gracia y claridad, dos hallazgos verdaderamente muy raros".

—BRITTANY SPANOS, *Rolling Stone*

Al recuperar su fuerza interior, la pasión de Selena por hacer arte también volvió con fervor.

"Paré, y luego continué, porque me di cuenta de que necesitaba desafiarme a mí misma", dijo. "¿Realmente quiero esto? ¿Todavía vale la pena? Miraba a mi público en la gira y pensaba: 'Sí, esto vale la pena, ¿verdad?'".

Selena empezó a trabajar en colaboraciones musicales con varios compositores y productores. Grabó nuevas canciones y videos musicales. Fue contratada para actuar en varias películas. Selena incluso incursionó como productora ejecutiva en una adaptación de la serie de Netflix de la novela de Jay Asher *Thirteen Reasons Why*.

Pero estar bajo los reflectores todo el tiempo seguía siendo agotador.

"Crecer es frustrante", dijo Selena, "porque eres apenas un niño que está averiguando qué hacer con su vida. Y todo el mundo te observa y especula. La gente lo desmenuza todo".

Y eso era muy cierto.

Todos los aspectos de la vida de Selena eran observados de cerca por millones de seguidores y críticos; cada cosa grande o pequeña que hacía o decía o usaba o comía era analizada; lo que escogía, su arte, su vida eran constantemente criticados en las redes sociales.

"No puedo conocer a alguien y saber si le gusto de verdad", dijo en una entrevista. "Solo quiero empezar de nuevo. Quiero que todo sea nuevo. Quiero alguien que me quiera como si fuera nueva".

Pero ella no era nueva, era una gran marca internacional. Las redes sociales empezaron a apoderarse de su vida y ella trabajaba muy duro para adaptar su forma de ser a su presencia en las redes sociales.

"Instagram se convirtió en todo mi mundo, y era realmente peligroso", dijo. "Me despertaba con Instagram y me iba a dormir con él. Era una adicta, y sentía que veía cosas que no quería ver. Me miraba en el espejo y me decía 'ya basta; no sé si puedo seguir así'".

Pero la pasión por su trabajo y los deseos de estar conectada con sus fans le impedían alejarse de Instagram. En lugar de eso, siguió esforzándose para hacer más, para ser más. Y mientras tanto, todo lo que hacía era escrutado, criticado, desmenuzado sin piedad.

"Me levanté una mañana y miré al Instagram, como cualquier otra persona, pero esta vez me harté. Estaba cansada de leer cosas horribles. Mi autoestima estaba por el suelo", dijo en una entrevista. "Comencé a tener ataques de pánico justo antes de subirme al escenario o justo después de salir de él. Básicamente sentía que no era lo suficientemente buena, no era capaz. Sentía que no les estaba dando nada a mis fans, y que ellos podían verlo, lo cual, creo, fue una distorsión completa".

Era como si Selena hubiera perdido la perspectiva.

Había estado tan concentrada en lo que los demás decían de ella, que había perdido toda fe en sí misma.

Agotada y consternada, Selena sabía que la única salida era recuperar esa confianza; mirarse en el espejo y ver la fuerza que sabía que tenía dentro.

Así que Selena tomó una decisión que le cambió la vida: iba a tomar las riendas de su salud mental, comprometiéndose de una vez por todas a curarse. El primer paso fue romper su adicción a las redes sociales.

Clic

Selena apagó su teléfono y dejó de lado sus dispositivos electrónicos.

Apagó las voces que clamaban por su atención en el exterior, dándoles la oportunidad a las voces que susurraban en su interior para ser escuchadas, para recordarle quién era: alguien que se preocupaba a fondo por los demás y que ahora necesitaba preocuparse a fondo por sí misma también.

"Tomar un descanso de las redes sociales fue la mejor decisión que he tomado para mi salud mental", dijo Selena. "Creé un sistema en el que todavía no tengo mis contraseñas".

Selena le pidió a su asistente personal que administrara sus cuentas de redes sociales, publicando contenido y supervisando sus plataformas.

"Y el odio y las comparaciones innecesarias desaparecieron una vez que dejé mi teléfono".

El alivio fue inmenso.

"Tendré momentos en los que esa sensación extraña volverá", dijo Selena, "pero ahora tengo una relación mucho mejor conmigo misma. Después de esa decisión, disfruté de una libertad instantánea. La vida que tenía frente a mí era mi vida, y estaba presente, y no podría haber sido más feliz".

Selena sabía que había tomado la decisión correcta, pero al principio dudaba de si debía compartir con el público su adicción a las redes sociales y sus luchas. Como demostraban claramente las redes sociales, tenía una vida increíble y estaba muy agradecida por todo lo que tenía. Era difícil explicar por qué sufría tanto.

"Me siento muy culpable por mi posición", dijo Selena en una entrevista.

Por supuesto, ella había trabajado duro por lo que tenía. Después de todo, había crecido en la pobreza. Ciertamente había llegado al éxito y había desarrollado su marca con sus propios esfuerzos. Sin embargo, ella tenía tanto mientras otros tenían tan poco. ¿Cómo podía quejarse?

Además, Selena sabía que si compartía sus problemas, daría a conocer su vulnerabilidad, le mostraría al mundo que no era tan fuerte como todo el mundo pensaba. ¿Qué diría la gente? Los medios de comunicación se lanzarían sobre ella; la analizarían y la criticarían sin fin.

Pero Selena ya no se preocupaba por lo que pensaban los demás. Más importante aún, sabía muy bien que no estaba sola en su sufrimiento. Miles, tal vez millones, de admiradores que la adoraban compartían su dolor, y Selena se dio cuenta de que podía usar su posición para ayudar a otros que estaban pasando por dificultades similares.

"Me di cuenta de que mi pequeño mundo es complicado, pero la realidad exterior es mucho más complicada que las cosas a las que yo me enfrento", dijo.

Había tantos muchachos que se sentían como ella, que sufrían problemas de autoestima, pérdida de confianza, depresión y ansiedad. Esos muchachos tenían que saber que no estaban solos; que incluso las superestrellas se sentían vulnerables y temerosas. Necesitaban saber que era normal que también se sintieran así.

Así que Selena tomó la valiente decisión de hacer pública su historia. Pero no solo la compartió. Selena la usó como una oportunidad para reformular toda la narrativa en torno a la salud mental, convirtiéndola en una parte importante de su marca para el futuro.

Selena tomó la decisión de usar una vez más su enorme plataforma y su base de fans para crear conciencia, esta vez sobre la salud mental. Quería animar a los jóvenes a ser más abiertos sobre sus problemas, consigo mismos y con sus seres queridos. Al elegir deliberadamente no esconderse de la verdad de este dolor, les dio a sus fans y seguidores un espacio para abrirse y aceptar sus propias verdades, fueran cuales fueran.

"Mi lupus, mi trasplante de riñón, la quimioterapia, tener una enfermedad mental, pasar por desamores muy públicos eran cosas que honestamente deberían haberme vencido", dijo. "Cada vez que pasaba por algo, pensaba, '¿Qué más? ¿Con qué más voy a tener que enfrentarme?'".

Y cada vez que tenía que enfrentarse a un reto nuevo, no se lo ocultaba a sus fans. Tampoco ocultó el hecho de que no iba a dejar que estos golpes la vencieran. En cambio, Selena usó su plataforma y su marca para mostrar cómo esas experiencias la ayudaron a aprender, crecer y transformarse.

"Eso es realmente lo que me hizo seguir adelante", dijo.

Durante un tiempo en que no se sentía lo suficientemente fuerte como para cuidarse a sí misma, descubrió fuerza cuidando a los demás, igual que lo hacía cuando era niña en el preescolar o ayudando en comedores sociales con su mamá.

"Siento pasión por eso, y creo que seguiré sintiéndola por el resto de mi vida", dijo. "Especialmente desde la pandemia de COVID-19, hay tantas personas que conozco que necesitan ayuda, pero no tienen idea de cómo obtenerla. Tengo grandes aspiraciones en ese campo y realmente quiero implementar más educación para esas situaciones".

Una vez que Selena se tomó en serio su salud mental, recibió un diagnóstico oficial de ansiedad, depresión y trastorno bipolar. El trastorno bipolar es una condición de salud mental que causa cambios de humor extremos en los pacientes.

"Mis subidas eran realmente altas", dijo Selena, "y mis bajones me duraban semanas". Fue estresante y confuso porque ella no sabía lo que le estaba pasando.

"Sentí que un gran peso se me quitó de encima cuando lo entendí", compartió en una entrevista. "Pude respirar profundamente y decir: 'Está bien, eso explica muchas cosas'".

Selena comenzó a trabajar estrechamente con un terapeuta, tratando de identificar y, finalmente, de cambiar los patrones de pensamientos negativos en comportamientos positivos, utilizando un método llamado terapia dialéctica conductual. Uno de los principios clave de la terapia dialéctica conductual es aprender a aceptar tu experiencia, a ser honesto contigo mismo sobre tus luchas. Selena se tomó esto en serio y decidió ser completamente abierta con sus amigos y fans sobre sus problemas de salud mental.

"Una vez que hice un alto y acepté mi vulnerabilidad y decidí compartir mi historia con la gente, entonces fue cuando me sentí liberada", dijo.

Un segundo componente de la terapia dialéctica conductual se refiere al cambio: reconocer las fuerzas negativas que te empujan y trabajar activamente para desarrollar estrategias positivas para confrontarlas.

"Es un trayecto solitario para descubrir realmente de dónde vienen todas estas cosas. Y para desprenderse de ellas", dijo Selena. "Se convierte en una adicción, se convierte en un hábito, reentrenando tu mente para no ir a lugares negativos cuando dices algo malo, haces algo malo, cuando te pones una determinada cosa o representas una cierta cultura".

Por ejemplo, cuando Selena se dio cuenta de que su adicción a las redes sociales era una gran parte de donde provenía toda la negatividad, recurrió a la ayuda de sus amigos y su familia para que la ayudaran a administrar la cantidad de tiempo que pasaba en las plataformas, el contenido que publicaba y a lo que realmente prestaba atención.

También se centró en la autorreflexión, entrenándose para ser consciente de cómo se estaba tratando a sí misma y a los demás.

"Hay momentos en los que solo tengo que centrarme y dejar que los pensamientos lleguen. A veces los escribo y luego paso tiempo pensando '¿Qué es? ¿Cuál es la raíz de esto? ¿Por qué puedo llegar al fondo de esto?'. Y realmente eso me ayuda".

Comprender esto fue muy importante. Toda su vida la gente la había hecho sentir que no era lo suficientemente buena. Pero la verdad es que ella *sí* era lo suficientemente buena. Lo que tenía que aprender era a confiar en sí misma, a creer que era exactamente quien debía ser, a pesar de lo que dijeran los demás.

Poco a poco, Selena comenzó a recobrarse.

En 2019, Selena lanzó "Lose You to Love Me", una canción de su tercer álbum de estudio como solista, *Rare*.

Necesitaba perderte para encontrarme.

...

Necesitaba odiarte para quererme, sí.

"Lose You to Love Me" fue una carta de amor que Selena se escribió a sí misma, un manifiesto para que todos lo oyeran: Ya no iba a sacrificar quién era, sus sueños, sus aspiraciones, su propósito. Selena no iba a dejar que otros dictaran quién era. Ella tenía las riendas de su vida en las manos.

El día después de lanzar "Lose You to Love Me", Selena lanzó un segundo disco sencillo de su álbum, titulado "Look at Her Now".

Le llevó un par de años secarse las lágrimas.
Pero mírala ahora, mírala como va.

Como demuestra la letra de "Look at Her Now", esta es una canción sobre el empoderamiento, sobre reconocer tu vulnerabilidad y no dejar que te derrote.

Con estas dos canciones, Selena recuperó por fin la persona que siempre supo que era pero que había olvidado por el camino.

Y sus fans la adoraron por ello.

"Lose You to Love Me" se convirtió en el primer disco sencillo número uno de Selena en los Estados Unidos, disparándose a la cima del *Billboard* Hot 100. Su álbum *Rare* fue lanzado más tarde en ese año y debutó en la cima del *Billboard* 200.

"Ustedes me inspiran a ser mejor", dijo una confiada Selena a sus fans. Y les dio las gracias porque *ellos* habían creído en ella a través de los años, incluso cuando ella no había creído en sí misma.

Esta autorreflexión ayudó a Selena a volver a los

valores fundamentales que siempre la habían guiado: empatía, consideración, valor. Se convirtió en una defensora estridente y vocal de la bondad, recordándoles a sus fans y seguidores que las palabras tienen poder, que los comentarios negativos pueden tener una gran influencia y que el apoyo positivo puede cambiar vidas.

En 2020, Selena lanzó Rare Beauty, una colección de cosméticos que se centra en aceptar tu propia belleza natural y rechazar los estándares irreales de perfección.

"He pasado años de mi vida tratando de parecerme a otras personas", dijo en una entrevista. "Veía una imagen, y me decía: 'Dios mío, ¿por qué no luzco así?'. Nada de eso era bueno para mí".

Ya a Selena no le importaban esas cosas. Ahora quería que las personas supieran que eran especiales, que vieran que eran dignas tal y como eran. Para ella el maquillaje no es algo que se usa para cambiarse. Es una forma de arte que utilizas para realzar tu belleza natural.

"La belleza es parte de tu autoestima, de cómo te ves".

Y no solo por fuera, sino también por dentro.

Selena colaboró en la creación de Mental Health 101, un kit de recursos que se puede encontrar en su sitio web Rare Beauty. Su compañía también tiene una rama benéfica, Rare Impact Fund, con el objetivo de recaudar $100 millones durante los próximos diez años para ayudar a mejorar el acceso a los recursos de salud mental.

"En todo lo que me involucro, hay un aspecto benéfico", dijo en una entrevista. "Si algo bueno no sale de un proyecto, no lo hago. No necesito dinero. Necesito gente que quiera luchar conmigo".

Y esa lucha es para hacer el bien, para ser la voz de los que no saben lo que les pasa o lo que sienten; para decir las cosas que otros tienen miedo de decir; para recordarnos a todos que podemos defender lo que nos importa, que no hay necesidad de vivir con miedo de nuestra propia vulnerabilidad.

Fue este coraje de hablar por aquellos que se quedaban callados lo que llevó a Selena a uno de sus proyectos más ambiciosos hasta ese momento.

CAPÍTULO CINCO

RETRIBUIR

"He conocido miles de personas en mi vida, y deseo que ellos vean lo que yo veo en ellos".

—SELENA GOMEZ

Escondida en la parte de atrás de un camión, envuelta en la oscuridad y el silencio, una mujer contuvo la respiración mientras el camión rodaba por la carretera llena de baches que cruza la polvorienta frontera entre México y los Estados Unidos. Era la década de 1970, y la mujer era la tía abuela de Selena. Años más tarde, los abuelos de Selena la siguieron. En 1975, el padre de Selena nació en los Estados Unidos. Pero a pesar de ser un ciudadano estadounidense, sus raíces mexicanas lo convirtieron en una diana constante del racismo y de los discursos de odio.

"Cuando yo era pequeña, no teníamos mucho", dijo Selena, "y nos trataban mal. A mi papá lo paraban en el

carro todo el tiempo, y no había hecho nada la mayoría de las veces".

Pero tenía miedo de protestar.

"Soy yo quien se va a buscar más problemas, no ellos", le decía su padre.

Los Estados Unidos, tal y como lo conocemos hoy, fueron moldeados por inmigrantes que vinieron de todas partes del mundo en busca de esperanza y mejores oportunidades.

Como John F. Kennedy dijo: "Todos los estadounidenses que han existido, con la excepción de un solo grupo, han sido inmigrantes o descendientes de inmigrantes".

Las contribuciones de los inmigrantes han sido

inestimables, convirtiendo a los Estados Unidos en uno de los países más poderosos y prósperos del mundo.

Por ejemplo: Levi Strauss (emigró en 1847) cambió el curso de la moda cuando inventó los jeans Levi's. John Muir (emigró en 1849) ayudó a preservar muchos de los tesoros naturales de los Estados Unidos y ayudó a establecer el Parque Nacional de Yosemite. Joseph Pulitzer (emigró en 1864) fundó las bases del periodismo estadounidense moderno tal y como lo conocemos. Nikola Tesla (emigró en 1884) fue un ingeniero y científico que concibió el sistema eléctrico utilizado hoy en todo el mundo. Albert Einstein (emigró en la década de 1930) fue un matemático, inventor y físico que desarrolló la teoría de la relatividad, entre otros logros científicos importantes. Madeleine Albright (emigró en 1948) fue la primera mujer que ocupó la posición de secretaria de estado de los Estados Unidos. Gloria Estefan (emigró en 1959) es una cantante, actriz y empresaria aclamada internacionalmente, y celebrada como una de las latinas más famosas de todos los tiempos. Sergey Brin (emigró en la década de 1970), inventor e ingeniero, cofundó Google.

Y estos son solo algunos de los miles de inmigrantes exitosos que han hecho de los Estados Unidos la nación maravillosa que es.

Pero piensa en lo difícil que debe de ser inmigrar a otro país.

Primero, debes demostrar que tienes una buena razón para querer inmigrar. Cada país tiene directrices específicas sobre lo que cuenta como justificación válida para la entrada, pero es posible que el gobierno de ese país no esté de acuerdo con un inmigrante sobre lo que es o no es una buena razón.

En segundo lugar, los inmigrantes tienen que demostrar que son ciudadanos respetuosos de la ley en su país de origen y que obedecerán las leyes del nuevo país. Tienen que presentar muchos documentos sobre su educación, su empleo y cualquier cosa que pueda ayudar a respaldar su caso de que serán ciudadanos buenos y respetuosos de las leyes del nuevo país.

Algunas personas también pueden necesitar un patrocinador, alguien en el nuevo país que acepte hacerse responsable de ellos. Se le pedirá al patrocinador que demuestre que puede cuidar de ti, que es un ciudadano respetuoso de la ley y que tiene una buena razón para querer patrocinarte como inmigrante.

Una vez que hayan presentado todos los documentos de solicitud de inmigración y patrocinio, el caso pasa a ser revisado. ¡Esto puede tomar muchos meses, a veces años! A un posible inmigrante y a su patrocinador se les puede pedir que proporcionen información adicional o que aclaren algunas de las cosas que han dicho.

Si se aprueba toda la documentación, tienes que ir a una entrevista donde los funcionarios del gobierno te harán muchas preguntas sobre tu situación actual y tus planes futuros. Suponiendo que la entrevista vaya bien y todo el papeleo esté en orden, puedes recibir el permiso para inmigrar.

La inmigración es un proceso complicado y prolongado. Como hay tantos que quieren inmigrar a los Estados Unidos, también hay una larga espera y, muy a menudo, las cosas se retrasan. Además, el sistema de inmigración de los Estados Unidos es anticuado y necesita tomar en cuenta nuevas situaciones que no se consideraron cuando el sistema se concibió.

Más allá del extenso proceso que toma años para convertirse en un inmigrante en los Estados Unidos, también hay barreras considerables, como el idioma y la comunicación, así como el costo de las solicitudes y los abogados de inmigración. Además, sin un estatus migratorio permanente, del que carecen las personas que ingresan al país de manera temporal o a corto plazo, es casi imposible conseguir un trabajo y una vivienda adecuados para sí mismos y mucho menos para sus familias.

Aún más, todos estos procesos y la incertidumbre que provocan pueden infligir tensión mental en los inmigrantes, muchos de los cuales viven con el temor constante de la deportación y la separación de sus familias por parte de las autoridades reguladoras, lo que provoca estrés psicológico y trauma. Como resultado, la cuestión de la inmigración se ha convertido en el tema de muchas discusiones políticas y noticias polémicas.

"Pero la inmigración va más allá de la política y los titulares", dijo Selena. "Es una cuestión humana que afecta a personas reales, que desmantela vidas reales. La forma en que lidiamos con ella dice mucho de nuestra humanidad, nuestra empatía, nuestra compasión. Cómo tratamos a nuestros semejantes define quiénes somos".

En 2019, Selena anunció que produciría la docuserie de Netflix *Living Undocumented,* una serie de seis episodios que sigue a ocho familias indocumentadas mientras navegan por el complejo sistema de inmigración de los Estados Unidos.

"Elegí producir esta serie porque en los últimos años la palabra "inmigrante" aparentemente se ha convertido en una palabra negativa", dijo Selena en una entrevista. "Mi esperanza es que a través de las experiencias de las personas valientes que han compartido sus historias, la serie pueda arrojar luz sobre lo que es vivir en este país como un inmigrante indocumentado".

LIVING | UNDOCUMENTED

Selena quería humanizar las historias de personas que habían sido reducidas a titulares, utilizando una vez más su poderosa plataforma para promover los valores que consideraba más importantes: la bondad, la empatía y la audacia. Quería denunciar la desinformación y el discurso del odio para crear conciencia sobre el peligro muy real de la trata de personas y los retos desgarradores con los que se enfrentan los inmigrantes indocumentados.

SOÑADORES

"DREAMER" o "SOÑADOR" es el término utilizado para los niños protegidos por la Ley de Desarrollo, Alivio y Educación para Menores Extranjeros (conocida como la Ley DREAM). Los soñadores son niños que fueron traídos a los Estados Unidos por inmigrantes indocumentados. El programa les concede la residencia temporal y la oportunidad de obtener la residencia permanente si satisfacen ciertos requisitos.

Selena compartió detalles de su experiencia al reunirse con tres de los jóvenes que la serie siguió, incluyendo a Bar, una Soñadora cuya familia huyó de Israel cuando ella tenía solo seis meses de edad.

"Bar me dijo que quería estudiar diseño de interiores", dijo Selena. "También me dijo que ha vivido con miedo toda su vida. Una semana antes de que nos conociéramos, ella fue atacada violentamente, pero tuvo miedo de llamar a la policía. No quería que descubrieran que sus padres son indocumentados y los denunciaran al ICE".

Ese miedo tocó a Selena. "La embargaba la misma vergüenza, la incertidumbre y el miedo con los que vi luchar a mi propia familia".

Y luego estaban Pablo y Camilo Dunoyer, unos hermanos que huyeron de Colombia en 2002 para escaparse de los narcoguerrilleros que amenazaban a su familia.

Pablo era muy buen estudiante, trabajador y dedicado. Fue aceptado en la Universidad Estatal de San Diego, pero no pudo asistir. Ese verano, su padre fue detenido por los servicios de inmigración y retenido en una jaula con otros inmigrantes.

"Dormían en el suelo, calentándose con mantas de aluminio", dijo Selena. "Las luces estaban encendidas a todas horas del día. Pablo dijo que nunca había oído la voz de

¿QUÉ ES ICE?

EL SERVICIO DE INMIGRACIÓN Y CONTROL DE ADUANAS DE LOS ESTADOS UNIDOS (ICE) es una agencia federal que aplica la ley bajo el Departamento de Seguridad Nacional de los Estados Unidos. Su misión es proteger las fronteras de los Estados Unidos del crimen transfronterizo y la inmigración ilegal.

El ICE tiene dos componentes principales para hacer cumplir la ley: Investigaciones de Seguridad Nacional (HSI) y Operaciones de Cumplimiento y Expulsión (ERO). ERO es la oficina que maneja la deportación de las personas indocumentadas que no son ciudadanas y mantiene instalaciones de custodia utilizadas para detener a las personas que se encuentran en los Estados Unidos ilegalmente.

su padre cargada de tanto dolor, y le preocupa que vaya a llevar ese dolor el resto de su vida".

Después de ocho días aterradores, el padre de los muchachos fue deportado y devuelto a Colombia, donde su familia había recibido amenazas de muerte. Pablo y Camilo tuvieron que esconderse, por miedo a que los detuvieran a ellos también y los mandaran de vuelta a la violencia que tanto lucharon por escapar. Los hermanos ya no podían volver a su casa, y dormían mal, sabiendo que su tiempo en los Estados Unidos se les estaba acabando.

Pero incluso a pesar de su miedo a la deportación, Camilo confesó tener otro miedo peor.

"Su temor mayor", dijo Selena, "es ser olvidado y convertirse en otra estadística sin cara".

Selena sintió que era su responsabilidad usar su voz y su plataforma para hablar por aquellos que tenían miedo, no solo como mexicana-estadounidense, sino como alguien con una profunda capacidad de empatía y compasión.

"Y espero que conocer a estas ocho familias y sus historias inspire a la gente a ser más compasiva y a aprender más sobre la inmigración para formar su propia opinión. Espero que Bar llegue a estudiar diseño de interiores. Espero que Pablo y Camilo puedan volver a su casa y puedan volver a dormir por la noche".

Por supuesto, hacer escuchar las voces de inmigrantes in-documentados no estuvo exento de críticas negativas. Pero eso no disuadió a Selena de hacer lo que consideraba correcto.

"La verdad es que las peores críticas que pueda ima-ginar no son nada comparadas con lo que enfrentan los inmigrantes indocumentados todos los días. El miedo no debería impedirnos involucrarnos y educarnos en un tema que afecta a millones de personas en nuestro país. El miedo no impidió que mi tía se subiera a la parte trasera de ese camión. Y por eso, siempre le estaré agradecida".

La inmigración no es el único tema social que apasiona a Selena.

En 2009, a la edad de diecisiete años, Selena fue nom-brada embajadora de UNICEF, la persona más joven que había sido designada con ese honor hasta ese mo-mento. En este rol, Selena utilizaría su voz, su marca y su reconocimiento internacional para ayudar a recau-dar fondos, educar y obtener apoyo para la misión de la organización, que se propone reducir las muertes preve-nibles en niños.

"Comparto con UNICEF la creencia de que podemos cambiar esa cifra de veinticinco mil a cero", dijo Selena cuando fue nombrada embajadora. "Sé que podemos lograrlo porque UNICEF está siempre sobre el terreno

UNICEF, también conocido como el Fondo Internacional de Emergencia de las Naciones Unidas para la Infancia, es una agencia de las Naciones Unidas responsable de suministrar ayuda humanitaria y ayudar al desarrollo de los niños de todo el mundo. Con oficinas en más de 150 países, UNICEF proporciona a los niños agua potable, alimentos saludables, educación, ayuda de emergencia y asistencia médica.

A pesar de ser una de las organizaciones humanitarias más grandes y con más impacto en el mundo, más de veinticinco mil niños siguen muriendo cada día por causas prevenibles.

proporcionando a los niños la asistencia vital necesaria para garantizar que ese cero se haga realidad".

Su primera misión oficial sobre el terreno fue en Ghana, donde Selena presenció de primera mano las consecuencias devastadoras que tienen para los niños la desnutrición, la falta de atención sanitaria y de educación adecuada.

LA REPÚBLICA DE GHANA

GHANA (oficialmente llamada República de Ghana) es un país de África occidental situado en la costa del golfo de Guinea. A pesar de ser relativamente pequeño en tamaño y población comparado con otras naciones africanas, es uno de los países más importantes de África debido a su riqueza natural: bosques frondosos, vida animal diversa (incluidos leones, leopardos y elefantes) y kilómetros de costa. El cacao (el grano con el que se hace el chocolate) es una de sus exportaciones principales, pero también lo son el oro y los diamantes.

Más de treinta y un millones de personas viven en Ghana, muchas de las cuales sufren una pobreza extrema.

"Fue algo que me cambió la vida y me abrió los ojos", dijo Selena.

Ese año recaudó 700 000 dólares para la campaña de UNICEF y siguió siendo embajadora durante dos años más. Incluso, después de que terminó su misión de embajadora, Selena siguió colaborando activamente con la organización, participando en una subasta de celebridades y volviendo como portavoz de UNICEF para el sexagésimo aniversario de la organización. Selena Gomez & the Scene incluso volvieron a actuar juntos en un concierto benéfico y donaron todo lo que se recaudó a la campaña de UNICEF.

En 2011, Selena viajó a Chile para promover el Programa Puente, apoyado por UNICEF y creado para ayudar a las familias a entender mejor la educación y el desarrollo de los niños.

"UNICEF está ayudando a las familias chilenas a salir de la pobreza, a prevenir la violencia dentro del hogar y a promover la educación. Ser testigo de primera mano de las luchas de estas familias, y también de su esperanza y perseverancia, fue realmente inspirador".

La participación filantrópica de Selena no terminó con UNICEF. Ha colaborado con varias organizaciones benéficas que crean conciencia sobre cuestiones de justicia social, comportamiento respetuoso con el medio ambiente y la protección de los animales.

También empezó a usar su plataforma para hablar sobre problemas sociales importantes. Por ejemplo, en 2017, Selena participó en los 30 Días del Orgullo de *Billboard* escribiendo cartas de amor en apoyo a la comunidad LGBTQ+.

"Recuerdo que de pequeña iba a un *brunch* los domingos con mi madre y su grupo de amigos", escribió. "No tenía ni idea de que todos eran gays, ya que ni siquiera comprendía lo que eso significaba en aquel momento. Lo único que sabía es que me encantaba estar rodeada de esos amigos amables, divertidos y cariñosos que mi madre tenía a su alrededor. Definitivamente le reconozco el mérito de haberme criado en un entorno con una mentalidad abierta y sin prejuicios...

"Todavía queda mucho trabajo por hacer", añadió en su carta. "Y espero que llegue el día en que una persona nunca sea juzgada, discriminada o temida por su sexualidad".

Y su defensa fue más allá de escribir palabras bellas. El año anterior, Selena protestó activamente contra el "proyecto de ley del baño" de Carolina del Norte (conocido como HB2), y donó los ingresos de su programa a organizaciones benéficas que apoyan al colectivo LGBTQ+.

¿QUÉ ES EL PROYECTO DE LEY DE LA CÁMARA DE REPRESENTANTES #2 (HB2)?

El HB2 fue un proyecto de ley firmado en Carolina del Norte en 2016. La ley exigía que las personas en los edificios gubernamentales utilizaran los baños que correspondían al género que figuraba en su certificado de nacimiento y no al género con el que se identificaban. La ley fue muy controvertida y se topó con una oposición fuerte por parte de personas que temían que la ley discriminara contra la comunidad LGBTQ+. Algunas secciones de la ley fueron derogadas en 2017 en Carolina del Norte. Sin embargo, muchas legislaturas estatales han propuesto proyectos de ley similares que restringirían el acceso a los baños públicos sobre la base del sexo definido biológicamente.

"Soy muy afortunada por haber crecido en un hogar en el que aprendí desde pequeña que todo el mundo debe ser tratado por igual", dijo entonces. "Me parece que mi generación es la más progresista hasta ahora y creo que pronto llegará el día en que leyes como HB2 ni siquiera se tendrán en cuenta".

Selena también ha sido una firme defensora del movimiento Black Lives Matter (Las vidas negras cuentan).

En 2020, cuando estallaron protestas en todo el país en respuesta a la violencia contra la comunidad negra, Selena invitó a Alicia Garza, cofundadora del movimiento Black Lives Matter, a hacerse cargo temporalmente de su cuenta de Instagram para llegar directamente a (sus) millones de seguidores.

"He estado luchando por saber cómo decir las cosas correctamente para correr la voz sobre este momento importante en la historia", dijo Selena a sus fans. "Después de pensar en la mejor manera de usar mis redes sociales, decidí que todos necesitamos escuchar más de las voces negras. En los próximos días destacaré a líderes influyentes y les daré la oportunidad de hacerse cargo de mi Instagram para que puedan hablar directamente con todos nosotros. Todos tenemos la obligación de hacerlo mejor, y podemos comenzar por escuchar con el corazón y la mente abiertos".

LAS VIDAS NEGRAS CUENTAN

El movimiento BLACK LIVES MATTER (Las vidas negras cuentan) se fundó en 2013 en respuesta a la absolución del asesino de Trayvon Martin. Según su sitio web: "Black Lives Matter Global Network Foundation, Inc. es una organización global en los Estados Unidos, el Reino Unido y Canadá, cuya misión es erradicar la supremacía blanca y desarrollar poder local para intervenir en la violencia infligida a las comunidades negras por el estado y los vigilantes. Combatiendo y contrarrestando los actos de violencia, creando un espacio para la imaginación y la innovación negras, y centrando la alegría negra, estamos consiguiendo mejoras inmediatas en nuestras vidas".

Alicia Garza publicó un video en la cuenta de Instagram de Selena en el que compartió el siguiente mensaje:

"Así que miren, están sucediendo muchas cosas en nuestro país en este momento... esta es la situación: la gente está en las calles ahora mismo, porque los negros están siendo asesinados por la policía, y a los policías no se les considera responsables. Este es un gran, gran problema. A todo el mundo se le enseña que, si hace algo mal, tiene que rectificarlo. Y cuando se trata de los negros y la policía, existe una dinámica en la que los negros son asesinados, a veces ante las cámaras, a veces no por la policía, y la policía no rectifica nada. Es un gran problema en este país. Lo hemos visto una y otra vez durante décadas y décadas y décadas, y la gente está harta de estar harta. Bueno, yo también estoy harta de estar harta, y por eso trabajo en una organización que quiere organizar a las comunidades negras y entrenar a nuestras comunidades para cambiar las normas que permiten que los agentes de policía no tengan que rendir cuentas cuando hacen cosas malas en nuestras comunidades".

Pero el objetivo de Selena no era solo compartir su plataforma para amplificar las voces negras. También quería que fuera una oportunidad para educar a sus fans.

"Educarnos a nosotros mismos es el primer paso si

deseamos lograr algún progreso para acabar con el racismo sistémico", publicó. "Por mucho que uno quiera creer que las cosas han mejorado, no podemos negar más que no es así".

Su afán por crear conciencia y educar a sus seguidores se extendió a otras cuestiones sociales clave, como el voto.

"Al principio era yo educando a la gente sobre el proceso de votación", dijo, pero luego se involucró con la organización When We All Vote (Cuando todos votamos), una iniciativa creada por Michelle Obama para ayudar a educar, involucrar y empoderar a los votantes.

Una vez más, Selena prestó su cuenta de Instagram y su enorme número de seguidores en las redes sociales a activistas y filántropos cuya labor es mantener a los votantes informados y conscientes de sus derechos.

El afán de Selena por educar y empoderar a los votantes se extiende a su continua campaña contra la desinformación y el discurso del odio. En los últimos años, Selena se ha convertido en una crítica vocal de las empresas de medios sociales y de cómo sus plataformas se utilizan para sembrar la desesperación y la animosidad, y contribuyen a la epidemia de baja autoestima y a la crisis de salud mental que padecemos.

Pero también utiliza su voz para empoderar a los jóvenes para que se cuiden a sí mismos y a los demás; para que se mantengan fieles a quiénes son y a lo que creen.

"Si haces algo que te gusta, lo debes hacer porque te gusta y porque crees que puedes hacerlo".

Esta es la verdad en que Selena siempre ha creído, a pesar de que a veces tiene que luchar para aferrarse a ella. Y al final, de eso trata realmente la historia de Selena: de aprender a creer en ti misma y tener el coraje de vivir esa verdad.

Recientemente, Selena dijo: "Ni siquiera he hecho una fracción de lo que quiero hacer" y uno se da cuenta de que es cierto.

A medida que se sumerge en un nuevo papel como productora ejecutiva de *Selena + Chef*, Selena revela un lado nuevo y vulnerable de sí misma, pero un lado que no tiene miedo de explorar.

"Siempre he hablado mucho sobre mi amor por la comida", dijo en una entrevista. "Creo que me han preguntado cientos de veces… si tuviera otra carrera, qué haría, y he respondido que sería divertido ser chef. Sin embargo, ¡no tengo ningún entrenamiento formal! Como muchos de nosotros, al tener que estar más tiempo en casa, estoy cocinando más y experimentando más en la cocina".

Es en esta audacia donde reside su verdadero poder.

Como explicó recientemente Andy Forssell, director de HBO Max: "la combinación de su determinación con destacados artistas culinarios va a resultar en un programa que entretiene y educa a los espectadores sobre un tema que nos concierne a todos: hacer que la cocina en casa sea interesante, divertida y deliciosa".

Selena también protagoniza y es productora ejecutiva de una nueva serie cómica. Es una serie de misterio con los actores famosos Steve Martin y Martin Short. *Only Murders in the Building* se estrenó en 2021 y es su primera serie de televisión con guion desde sus días en *Wizards of Waverly Place*. ¡Selena ha recorrido un camino larguísimo desde sus primeros días en el plató!

En 2020 la revista *Time* la nombró una de las personas más influyentes del mundo.

"Selena Gomez está extendiendo sin reparos sus alas y su influencia en cualquier carril adonde la lleven sus pasiones", decía la entrevista. "Siempre ha sido una gran música, pero también siempre ha sido más que su música. Selena usa su plataforma global valientemente al servicio de su plena identidad. Ella es un emblema de su generación, una generación poderosa, que rechaza de plano la idea de que pertenecen a un solo carril como artistas, activistas o ciudadanos del mundo".

¡Flash!

La fama le ha pisado los talones a aquella niñita que fue fotografiada en un preescolar de Grand Prairie, Texas, hace tantos años. Y, sin embargo, a pesar de eso, Selena no ha dejado que la fama le impida ver lo más importante.

"Ustedes son especiales", les dijo recientemente a sus fans. "Son [exactamente] quienes tienen que ser".

¿SABÍAS?

★ En el censo de los Estados Unidos de 2020, los hispanos y latinos de cualquier raza constituían el 39,3% de la población de Texas. La población hispana total de Texas es la segunda de todos los estados de los Estados Unidos.

demographics.texas.gov/Resources

/Publications/2021/20211004_HispanicHeritageMonth.pdf

★ Las raíces hispanas en Texas se encuentran sin duda entre las más profundas de los Estados Unidos: parte de los tejanos originales eran hispanos. Personas indígenas vivían en el área mucho antes de que llegaran los exploradores españoles, y una mezcla de los dos grupos, los mestizos, son la piedra angular del estado. La historia hispana es una historia muy americana y eso se puede ver claramente en Texas, donde la cultura y la comunidad latina moldearon la tierra.

thc.texas.gov/education/texas-history-home/hispanic

-heritage

★ En Texas, uno de cada seis residentes es un inmigrante, mientras que otro de cada seis residentes es un ciudadano nacido en los Estados Unidos con al menos un padre inmigrante. Un 38% de los inmigrantes (1,9 millones) se hicieron ciudadanos estadounidenses naturalizados en 2018, y 957 647 inmigrantes eran elegibles para convertirse en ciudadanos estadounidenses naturalizados en 2017.

americanimmigrationcouncil.org/research/immigrants-in-texas

★ Los mexicanos son el grupo étnico más grande en Texas, representando el 83% (9,5 millones) de la población. Otros grupos étnicos como salvadoreños, puertorriqueños, hondureños y guatemaltecos contribuyen con poblaciones de más de 100 000 cada uno.

demographics.texas.gov/Resources
/Publications/2021/20211004_HispanicHeritageMonth.pdf

★ Los valores hispanos dan prioridad a la familia. El 35% de los niños hispanos han vivido en una familia extendida, es decir, con un pariente que no sea uno de sus padres o hermanos. Igualito a Selena.

tandfonline.com/doi
/abs/10.1080/00324728.2018.1468476?journalCode=rpst20

★ Selena Quintanilla es una ícono latina de la cultura pop. Desde su muerte, ha sido conmemorada con una estatua, una figura de cera de Madame Tussaud, varios documentales de televisión, un largometraje biográfico protagonizado por Jennifer Lopez y una serie de televisión. Fue honrada póstumamente con un premio por su trayectoria en los Grammy de 2021 y sigue siendo recordada públicamente como la Reina de la Música Tejana, y en privado, por familias que les ponen a sus hijas el nombre de la cantante, como es el caso de Selena Gomez.

womenshistory.si.edu/spotlight/latin-music-legends-stamps
/selena

★ Los programas de televisión originales de Disney, sus películas y hasta espectáculos de Broadway tuvieron una influencia increíble en la generación de los años 2000, lanzando las carreras de artistas como Miley Cyrus, Zac Efron, Jonas Brothers y Demi Lovato.

vocal.media/geeks/disneys-deeper-impact

★ *Wizards of Waverly Place*, protagonizada por Selena Gomez, es la serie original de Disney Channel que ha durado más tiempo, y el último episodio de la serie, el gran final, se convirtió en el episodio más visto de la serie.

hollywoodreporter.com/tv/tv-news/wizards-of-waverly-place-selena-gomez-279824/

celebrity.fm/what-is-the-longest-running-disney-channel-show/

★ Selena lanzó su primer EP en español, *Revelación*, en 2021. El álbum cuenta con siete canciones con influencias de reguetón y R&B, para los cuales se preparó con un traductor y un entrenador vocal ya que no domina el idioma español.

rollingstone.com/music/music-features/selena-gomez-revelacion-interview-1140695/

texasmonthly.com/arts-entertainment/selena-gomez-shines-on-her-first-spanish-language-ep/

UNA NOTA DE KARLA ARENAS VALENTI

El año 2020 fue difícil para mí y para mi familia ya que nos enfrentamos a una crisis muy compleja de salud mental. Presenciamos, de primera mano, lo rápido que las cosas pueden empeorar con consecuencias devastadoras si la salud mental no se toma en serio. Por suerte, no tuvimos miedo de movilizarnos y encontrar los recursos que necesitábamos para capear el temporal. Muchos otros no tienen tanta suerte. Y muchos ni siquiera saben que se puede encontrar ayuda. Por lo que es importantísimo crear conciencia sobre estos problemas y dejar un fuerte impacto en la gente.

Esta fue una de las razones principales por las que me entusiasmó unirme a este proyecto. Como celebridad, Selena Gomez ha creado una marca y una plataforma formidables. Tiene millones de seguidores, millones de mentes que la observan, la escuchan y siguen sus pasos. Con ese nivel de fans viene una gran responsabilidad, la conciencia de que uno tiene el poder de moldear las vidas de esos fans. Y Selena se lo toma en serio.

Lo que ha hecho con su plataforma es realmente admirable: no solo crear conciencia, sino hacerles saber a sus fans que no tienen por qué avergonzarse de sus problemas de salud mental ni ocultar sus luchas; que forman parte de una red más amplia que los ve tal como son y puede ayudarlos a mantenerse a flote. No es una hazaña fácil.

Mientras investigaba a esta joven valiente, mi admiración por ella aumentaba. Su valor es inspirador y su apoyo nos da fuerza. Ha sido un privilegio formar parte de este trayecto celebrando a una estrella hispana verdaderamente extraordinaria.

UNA NOTA DE HISPANIC STAR

Cuando Hispanic Star decidió unirse a Macmillan y Roaring Brook Press para crear esta serie de biografías, nuestra intención era compartir la historia de increíbles líderes hispanos con los jóvenes lectores para inspirarlos con las acciones de esas estrellas.

Por siglos, la comunidad hispana ha hecho grandes contribuciones en los diferentes campos de nuestra cultura colectiva —ya sea en deportes, entretenimiento, arte, política o negocios— y queríamos destacar algunos de los modelos que aportaron sus contribuciones. Sobre todo, queremos inspirar a la niñez latina a levantar y cargar el manto de la unidad y el orgullo latino.

Con Hispanic Star, también queremos iluminar el lenguaje común que unifica a gran parte de la comunidad latina. "Hispano" significa "que habla español" y se refiere con frecuencia a personas cuyos antepasados vienen de un país donde el español es la lengua materna. El término "latino", y todos sus derivados, es más abarcador, y se refiere a todas las personas de América Latina y sus descendientes.

Esta serie innovadora se encuentra en inglés y en español como un tributo a la comunidad hispana de nuestro país.

¡Exhortamos a nuestros lectores a conocer a estos héroes y el impacto positivo que siguen teniendo, e invitamos a las futuras generaciones a que aprendan sobre las diferentes experiencias de vida de nuestras únicas y encantadoras estrellas hispanas!